NATIONAL INSTRUMENTS

POWERED BY NATIONAL INSTRUMENTS LabVIEW

범용 DAQ를 활용하는 LabVIEW와 센서

강대진 저

A-JIN 도서출판 아진

http://ajin.to

내가 가는 길을 그가 아시나니 그가 나를 단련하신 후에는
내가 순금 같이 되어 나오리라 (욥23 : 10)

머리말

먼저 여기까지 인도해주신 에벤에셀의 하나님께 감사를 드립니다.

LabVIEW는 Flexibility가 아주 큰 프로그램이므로 시중에 많은 종류의 LabVIEW 관련 서적이 출판되었습니다. 그러나 종래의 교재들은 대부분 S/W 활용에 주안점을 두었기에 실제 센서 등을 활용하는 방법이 제시되지 않아 활용에 어려움이 있었습니다.

수년전 myDAQ을 이용한 센서관련 LabVIEW 교재를 발행한 적이 있었으나, myDAQ라는 특수 H/W에 국한되어 활용성이 떨어졌었습니다. 본 교재에서는 LabVIEW를 사용한 Data Acquisition system에 직접 사용 가능하도록 H/W와 센서를 활용하는 방법을 상세히 기술하였습니다.

지금까지 약 17년간 강의실에서 학생들에게 LabVIEW를 강의하고 Term project를 통해 아이디어를 현실화하는 과제를 진행하면서 학생들이 가장 힘들어 했던 부분이 바로 LabVIEW와 센서와의 연결이었는데 본 교제에서 그 해답을 제시하였습니다.

NI USB-6343과 같은 범용 DAQ 시스템들은 주로 전압만을 입력 받아 물리량을 분석하기에 myDAQ와 같이 저항을 직접 측정할 수 없다는 한계가 있어 초보자들이 센서를 활용하여 계측제어시스템을 구현하는데 어려움이 있었습니다. 그러나 본 교재에서는 Thermistor나 CdS와 같이 입력 물리량이 저항의 변화로 나타나는 센서들의 출력을 직접 전압으로 변환하여 범용 DAQ 시스템에서 활용할 수 있도록 전위차계 등의 회로 사용법을 소개하였습니다. 따라서 저항 변화를 전압의 변화로 변환하거나, 12V 또는 24V를 NI H/W가 받아들일 수 있는 10V 이내의 값으로 변환할 수 있도록 하였습니다.

이를 활용하여 본 교재에서는 NI USB-6343이라는 범용 Data Acquisition H/W를 사용하여 손쉽게 각종 센서의 원리와 활용방법을 학습하도록 하였습니다.

본 교재에서 활용한 센서들은 산업 현장에서 가장 활발하게 사용하는 센서들입니다. 이러한 센서들을 활용하는 방법을 사용하면 개개인들의 아이디어를 실제로 동작하도록 만들어 보는데 큰 도움이 될 것으로 생각합니다.

여기에서 사용한 센서들은 대부분 시중에서 디바이스마트 (www.devicemart.co.kr), 엘레파츠 (www.eleparts.co.kr) 등을 통하여 대부분 손쉽게 구할 수 있는 것들입니다.

마지막 장에 본 교재에서 언급한 각종 센서들을 사용하여 종합적으로 구현할 수 있는 아이디어를 몇 가지 제시하였고 본 과제를 잘 마친 사람은 어렵지 않게 종합시스템을 완성할 수 있으리라고 생각됩니다.

이 교재를 마치기까지 힘이 되어준 제자들, 아진출판사의 김근배 사장 그리고 사랑하는 아내와 지민, 지훈, 지원에게 감사함을 표하며, 끝으로 오늘도 합력하여 선을 이루시는 하나님께 영광을 돌립니다.

차 례

6 Solar cell 활용

7 Thermocouple을 이용한 온도 측정 시스템

8 CdS 활용

9 Thermistor를 이용한 온도 측정 시스템

10 RTD를 이용한 온도 측정 시스템

11 Photo interrupter 활용

12 근접센서를 이용한 물체 접근 감지 장치

13 Loadcell을 이용한 하중 측정 시스템

14 LVDT를 이용한 변위 측정 시스템

15 적외선 변위센서를 이용한 거리 측정 시스템

16 적외선 근접 센서를 이용한 근접 감지장치

17 습도센서 활용

18 Hall sensor 활용

19 PWM(Pulse Width Modulation)소자를 이용한 DC motor속도 제어

20 LED 점등

21 SSR(Solid State Relay)를 이용한 220V전원 on/off

22 종합 예제 아이디어

1 개요

산업 현장의 자동화를 위해서나 자신의 아이디어를 직접 구현해 보고자 할 때 가장 먼저 부딪히는 어려움이 어떻게 무엇으로 구현하는가이다.

LabVIEW는 응용성이 뛰어난 프로그램이지만 아쉽게도 시중에서 쉽게 센서를 활용하는 것을 소개한 교재를 찾기 어려웠다. 본 교재에서는 시중에서 자주 접하는 센서들을 선정하여 LanVIEW를 써서 각각의 센서를 활용하는 방법을 상세하게 소개하였다.

그동안 myDAQ를 이용한 센서 활용방법은 수년전 저자가 출간한 적이 있으나 myDAQ이 널리 사용되는 H/W가 아니므로 이번에 널리 사용되는 NI multi function data acquisition H/W 중 하나인 USB-6343을 활용하는 방법을 제시하였다. 여기에 소개한 방법들은 일반적인 Data acquisition card를 사용하는데 동일하게 적용할 수 있으므로 센서를 활용하는데 큰 도움이 되리라 생각한다.

본 교재에서는 센서를 사용하여 계측할 때 발생하는 Noise를 어떻게 감소시킬 수 있는지 다양한 방법을 소개하였고, DC motor의 속도제어를 위해 NI H/W의 counter 출력을 활용하여 Pulse Width Modulation 방법으로 제어하는 방법을 상세하게 소개하였다.

그 외에 응용 사례를 추가하여 아이디어를 실제화하는데 도움이 되도록 하였다.

아무쪼록 본 교재가 LabVIEW를 학습하고자하는 모든 이들에게 큰 도움이 되기를 소망한다.

센서 변환 2

2.1 변환회로

LabVIEW에서 지원하는 대부분의 data acquisition card인 multi function card들은 주로 전압을 입력으로 받기 때문에 CdS나 Thermistor와 같이 물리량에 따라 저항이 변화되는 센서들을 직접 data acquisition card에 연결해서는 저항의 변화값을 받아들일 수가 없다. 따라서 아래와 같은 전위차계를 구성하여 전항변화에 대응한 전압을 읽어 다시 저항으로 변화하는 과정을 거치면 전압변화를 통해 저항변화를 알 수 있다.

2.2 전위차계(Potentiometer)

전위차계는 전압분배법칙으로 설명이 가능하다. 아래 그림에서 R_2는 CdS나 Thermistor과 같이 물리량에 따라 저항이 변화되는 센서이다. 그림과 같이 2개의 저항을 통해 흐르는 전류가 i라면 전체 입력 전압은 $R_1 V_i$ 이고 이때 저항은 $(R_1 + R_2)$가 된다.

반면에 이래 저항 R_2에 흐르는 전압은 직렬회로이므로 동일한 전류(i)가 흐르는데 V_o는 * $i R_2$가 된다. 두식을 사용하여 두 저항 사이에 걸리는 전압을 확인하면 R_1과 R_2 저항의 크기에 비례한 전압이 R_1과 R_2양단에 걸림을 알 수 있다.

따라서 저항R_2의 변화는 V_i 와 V_o를 알면 쉽게 구할 수 있다.

여기서 고정저항인 R_1은 보통 R_2센서의 상온에서의 저항과 거의 같은 값을 사용하면 좋다. Thermistor가 상온에서 1kΩ 정도라면 R_1도 약 1kΩ 의 저항을 사용한다.

예제

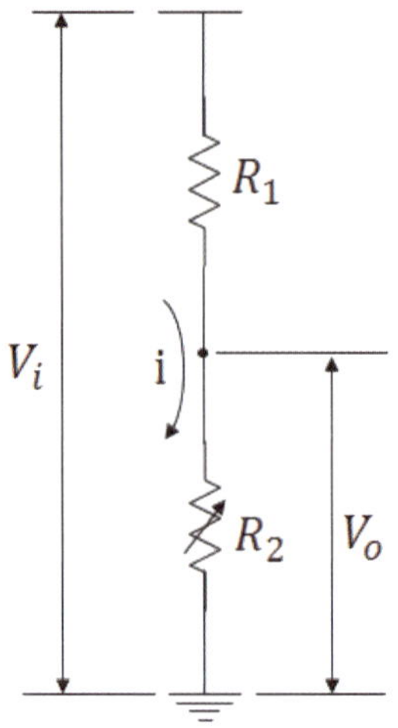

그림 1.1 전위차계 회로

$$R_{total} = R_1 + R_2$$

$$V_i = i\ R_{total}$$

$$= i(R_1 + R_2)$$

$$V_o = i\ R_2$$

$$\frac{V_o}{V_i} = \frac{R_2}{(R_1 + R_2)}$$

$$V_o(R_1 + R_2) = V_i R_2$$

$$V_o R_1 = R_2(V_i - V_o)$$

$$R_2 = \frac{V_o}{(V_i - V_o)} R_1$$

예는 다음과 같다.

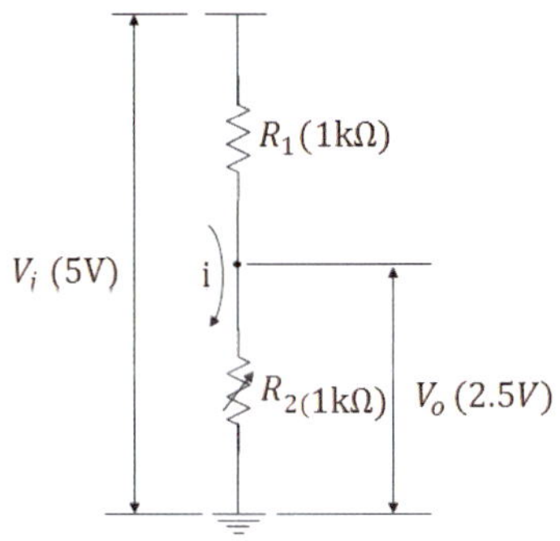

그림 1.2 전위차계 회로

위와 같이 만약 R_1이 1kΩ 이고 V_o가 2.5V가 출력된다면 위의 식에서와 같이

$$R_2 = \frac{2.5}{(5-2.5)} 1\ (k\Omega)$$

$$= 1\ (k\Omega)$$

이 됨을 알 수 있다.

2.3 전압 강압

LabVIEW 에서 사용하는 아나로그 입출력 전압을 ±10V이내이므로 일반적으로 자동화용으로 사용되는 센서들의 구동 및 출력 전압인 +12 ~ 24V는 직접 DAQ 보드에 입력해서는 안된다.

따라서 ±12V, ±24V는 ±10V 이내로 강압해야 한다.

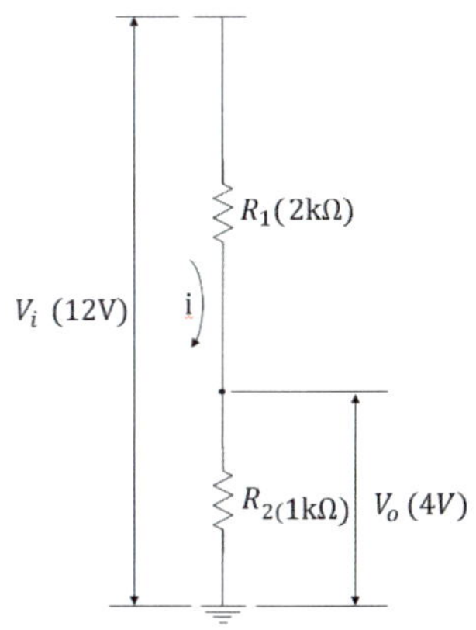

그림 1.3 전위차계를 활용한 전압강압 회로

위와 같이 만약 R_1이 2kΩ이 되고 R_2가 1kΩ일 경우 R_2에 걸리는 전압은 2:1이 되어 12V가 3등분된 4V가 된다.

$$i = \frac{12}{3}\,(A)$$

$$= 4\,(A)$$

따라서 R_3에 걸리는 전압은 다음과 같이 4V가 됨을 알 수 있다.

$$V = R_3 \times i$$

$$= 1\,(k\Omega) \times 4(A)$$

$$= 4(V)$$

이와 같이 전압을 분배하여 강압 시킬 수가 있다.

2.4 LED 점등 방법

LabVIEW에서 디지털 출력을 통해 LED를 켜고 끄려면 다음과 같은 회로가 필요하다.

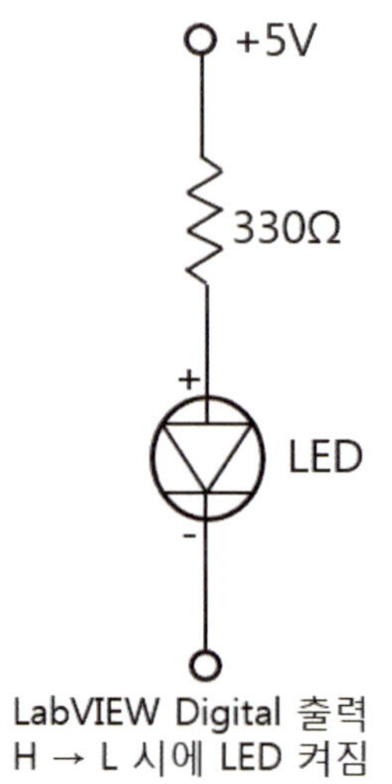

그림 1.4 LED점등 회로

위 그림에서 +5V는 외부전원의 +5V를 의미한다. LED –는 LabVIEW 디지털 출력+와 연결하고 디지털 출력 – 는 외부전원 ground와 연결한다. 이와 같이하면 디지털 출력이 High에서 Low로 변할 때 LED가 켜진다.

Noise 처리법 3

3.1 잡음(Noise)

잡음이란, 센서에서 얻은 신호에는 잡음이 끼어 있어 제거하지 않고는 원하는 값을 얻을 수 없다. 잡음에는 고주파 잡음과 60Hz 와 같은 저주파 간섭이 있다. 이 모두를 적절하게 차단하여야 한다. 잡음에 대한 대책으로는 다음과 같은 몇 가지 방법이 있다.

3.2 Hardware를 사용하는 방법

Twisting 방법

H/W적으로 잡음을 없애기 위해서는 다음과 같은 세가지 방식이 있다. 우선 센서의 신호선을 서로 아래와 같이 서로 꼬아 주는 것이다.

그림 3.1 센서 신호선 +, - 선을 서로 꼬는 법

Shield 선 사용

두 번째로는 아래와 같이 +, - 선의 외부를 그물과 같은 쉴드선으로 감싼 후 접지와 연결하는 것이다. 이를 위해서는 쉴드선이라 불리우는 전선을 사용하면 된다.

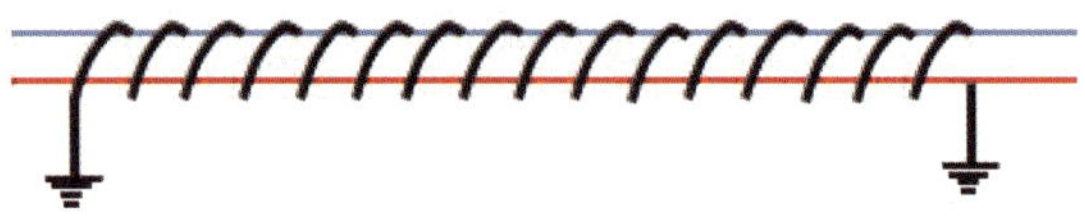

그림 3.2 센서 신호선 +, - 선을 별도의 접지선으로 접지 시키는 법

그림 3.3 쉴드선

컨덴서 사용

세번째로 가장 효과적인 방법인데 신호선 +, - 선 양단을 적절한 용량의 세라믹 컨덴서로 연결하는 방법이다. 그러나 이 경우 신호의 빠른 동특성을 파악하기에는 적절하지 않은 방법이다. 왜냐하면 컨덴서가 신호의 고주파 성분을 없애기 때문이다. 컨덴서의 용량은 필요에 따라 변경하여 사용한다. 용량이 크면 노이즈를 크게 줄일 수는 있으나 빨리 변화하는 신호는 측정할 수가 없다. 반면에 용량이 작으면 빨리 변화하는 신호를 측정할 수는 있으나 노이즈를 적절하게 줄일 수 가 없다. 컨덴서의 용량은 필요에 따라 변경하여 사용한다.

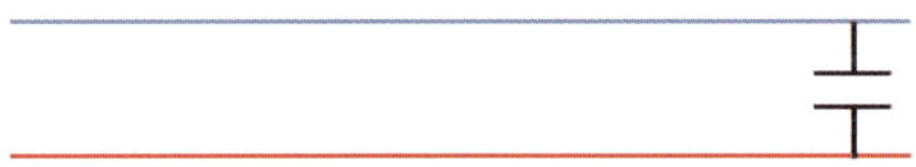

그림 3.4 센서 신호선 +, - 선을 컨덴서로 연결

그림 3.5 컨덴서 연결

선의 길이

마지막 방법은 센서로부터 계측기까지 선의 길이를 최대한 짧게 하는 것이다. 신호선이 길어지면 중간에서 전자 유도 등으로 인해 잡음이 유도될 가능성이 커지기 때문이다.

기타 방법은 센서와 연결된 신호선을 최대한 AC전원선이나 모니터로부터 떼어 놓아 전자 유도 등의 가능성을 배제 하는 방법이 있다.

3.3 전원접지 및 연장선

신호 품질을 떨어뜨리는 원인 중 전원 노이즈가 있다. 이를 줄이기 위해서는 장비에 공급되는 전원선으로 반드시 접지된 것을 사용해야 한다. 만약 전원 컨센트가 부족하거나 길이가 짧아 별도로 연장해야 할 경우에도 반드시 전원 접지가 있는 멀티탭 또는 연장 전원릴을 사용해야 한다. 만약 중간에 하나라도 접지가 없는 연장선이나 멀티탭을 사용할 경우 신호에 심각한 잡음이 발생하므로 주의하여야 한다.

3.4 Software를 사용하는 방법

LabVIEW에는 노이즈를 줄이기 위한 방법으로 Filter가 있다.
아래에 보인 바와 같이 Express Icon 중에 하나이다.

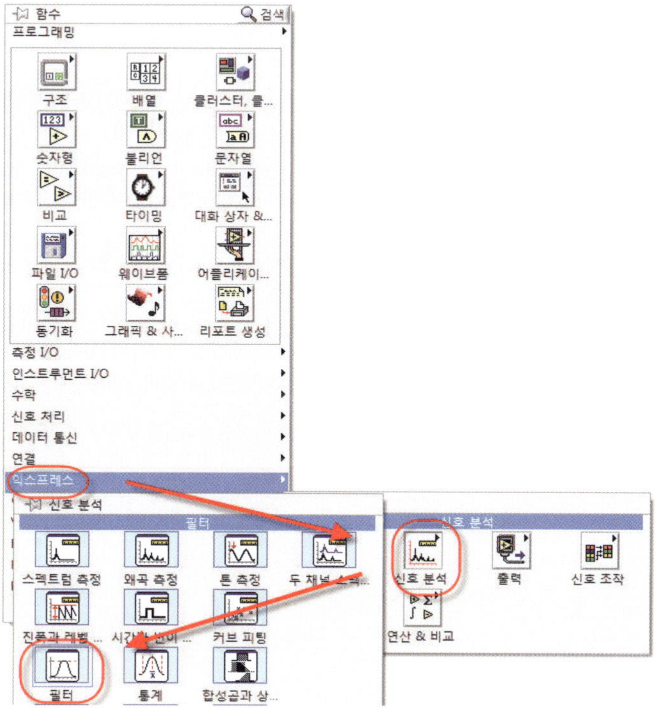

그림 3.6 필터

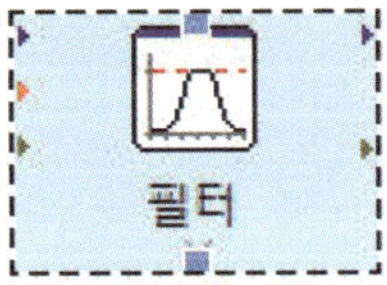

그림 3.7 필터 아이컨

필터를 선택하여 블록 다이어그램에 끌어 놓으면 아래와 같이 필터 설정창이 열린다. 여기서 저역 통과 필터의 Cutoff 주파수를 적절히 조절해 주면 된다. 실내 온도와 같이 천천히 변화하는 경우 10Hz나 그 이하의 값을 선택 할 수 있다. 그러나 만약 빨리 변화하는 신호라면 측정값에 영향을 줄 수 있으니 적절하게 선택하여야 한다.

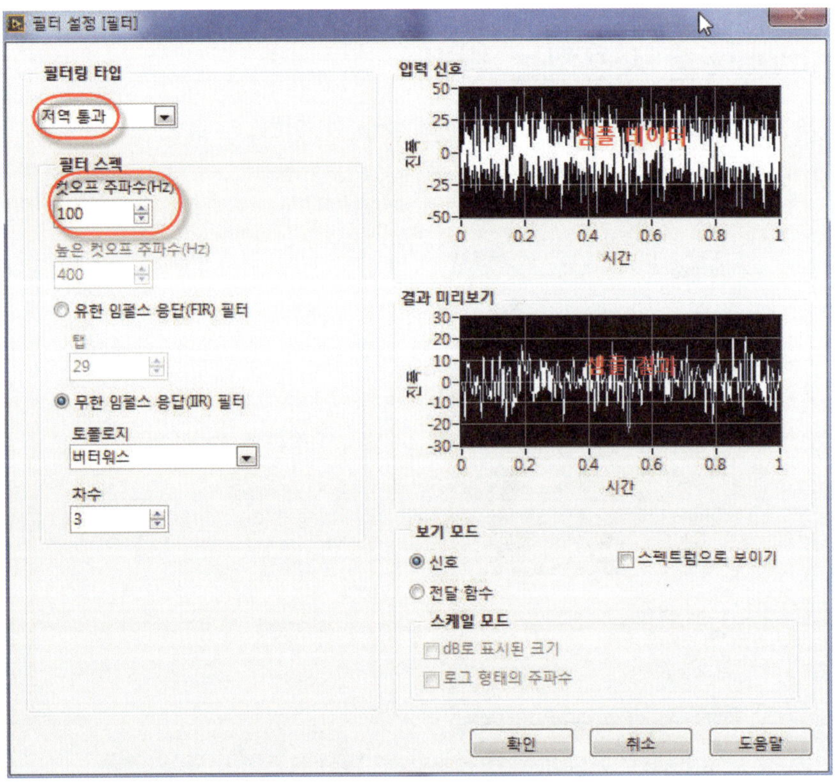

그림 3.8 필터 설정

4 신호의 종류

4.1 아나로그 신호

아나로그 신호에는 접지가 되어 있는 220V 벽체 전원에 센서의 어느 한 부분이라도 직간접적으로 연결되었다면 접지신호(grounded signal)라고 한다.

접지 신호

만약 직류를 발생시키는 전원 어댑터에서 나오는 직류신호라 하더라도 어댑터가 벽체 전원에 연결되어 있으므로 이것으로 전원을 공급받은 센서에서 나오는 신호는 벽체 전원 접지와 직간접적으로 연결되어있으므로 접지신호(grounded signal)이다.

부동신호

접지와 직간접적으로 연결되지 않은 신호는 부동신호(floating signal)이라 부른다.

신호연결

일반적으로 센서 신호를 측정하다 보면 신호에 잡음(Noise)이 많아 정확한 값을 측정하기 곤란한 경우가 많아 가능한 한 잡음의 영향을 최소화할 필요가 있다. 이에 대한 대책으로 다음과 같이 사용하길 권장한다.

터미널 설정	신호의 종류			
	Ground(접지) 신호		Floating(부동)신호	
	+	-	+	-
Differential (차동)	AI0	AI8	AI0	AI8
	적극 권장		적극 권장	
RSE (Reference Single Ended)	AI0	AIGND	AI0	AIGND
	절대 금지		권장	
NRSE (Non Reference Single Ended)	AI0	AISENSE	AI0	AISENSE
	권장		권장	

표 4.1 결선법

위 표 중에서 차동의 경우, 잡음에 대한 대책은 확실하지만 실제 사용가능한 디바이스의 Analog Input channel 수의 반밖에 사용 못하는 단점이 있다. 차동은 +신호는 AI0, -는 AI8, +가 AI1이면, -는 AI9로서 +의 신호선에 8을 더한 곳에 -를 연결하는 방식이다. 반면 RSE와 NRSE 둘 다 Analog Input channel을 모두 사용할 수 있는 장점이 있지만 경우에 따라 다음과 같은 문제점이 있다. 상식적으로 가장 쉽게 생각할 수 있는 방법이 센서의 +는 AI0로 사용하고 -는 AIGND로 사용하는 RSE(Reference Single Ended)방식으로서, 이 방법은 Battery를 사용하는 Floating(부동)신호에서는 권장하고 있지만 Ground(접지) 신호에서는 절대 사용해서는 안된다. 이 경우 잡음의 영양이 결과에 큰 영향을 미친다. 마지막으로 NRSE(Non Referenced Single Ended)는 Ground 신호의 RSE 방식에 대한 대책으로 제안된 방식인데 신호 -를 AIGND대신에 AISENSE에 연결하여 직접적으로 센서의 접지가 Ground와 닿지 않도록 하는 방식이다.

4.2 디지털 신호

아나로그 파형을 디지털 방식으로 측정하기 위해서는 샘플링하여야 한다. sampling 이란 일정한 시간 간격으로 아나로그 신호를 디지털방식으로 읽어 기억하는 것을 말한다.

샘플링 속도

얼마나 빨리 반복적으로 신호를 추출하는가하는 추출 속도를 샘플링 속도라고 한다. 만약 60Hz의 파형을 초당 60000번 샘플링하는 것이 초당 600번 샘플링하는 것보다 훨씬 더 정확하게 60Hz를 표현할 수 있다.

앨리어스 발생

추출한 사인(sine)파 신호를 기본으로 원래 사인파형을 재현하기 위해서는 원래 신호의 주파수와 동일하게 샘플링한다면 단일 주파수를 가진 파형의 경우 DC가 측정된다. 왜냐하면 주기에 한번 샘플링하므로 항상 일정한 값이 추출되기 때문이다. 만약 신호 주기의 2배로 샘플링하되 정확하게 신호의 최고점에서 시작한다면 추출된 신호로 파형을 재생할 경우 중심과 상하 최고 최저점을 연결한 삼각파가 구해지고 주파수는 원래 파형화 동일하게 재현할 수 있으나 세부적인 파형은 구현이 불가능하다. 만약 2배로 샘플링 하더라도 임의의 시간에 시작하여 추출한다면 재생하더라도 원래의 주파수와 진폭을 재현할 수 없다. 따라서 원래의 파형을 재현하기 위해서는 원래 파형의 주파수보다 최소한 10배는 빠르게 샘플링하여야 앨리어스(Alias) 발생을 방지 할 수 있다. 이것을 나이퀴스트 정리 (Nyquist theorem)이라 한다.

4.3 트리거링 (Triggering)

발생된 신호를 측정할 때에는 신호의 어느 부분부터 측정해야 하느냐가 중요하다 이를 위해서 트리거링이라는 방법을 사용하는데 신호 중 특정한 시간에 측정을 시작 하도록 하는 것을 말한다. 트리거에는 시작 트리거와 정지 트리거가 있다. 정지 트리거는 참조 트리거라고도 부른다.

트리거는 트리거 포인트 이전과 이후의 샘플을 얻는다. 트리거를 사용할 때에는 트리거의 소스도 지정해줘야 하는데 트리거 신호가 아나로그 신호일 경우, 아나로그 에지 트리거나 아나로그 윈도우 트리거를 사용하고 트리거 신호가 디지털 신호일 경우에는 National Instrument 사의 DAQ H/W의 terminal block에서 PFI핀이 있는 디지털 에지 트리거를 소스로 사용한다.

아나로그 에지 트리거링 (Analog edge triggering)

아나로그 에지 트리거링이란, 발생하는 신호가 특정값을 지날 때 트리거링하는 방법이다.
예를 들면 전압이 2.5V에서 트리거링하도록 한다면 파형이 2.5V를 지날 때 트리거링되는 방식이다.

히스테리시스 (Hysteresis)

히스테리시스는 아나로그 에지 트리거링 시에 파형이 지정한 값을 지나 상승할 때인가 하강할 때인가를 지정하여 샘플링하는 것이다. 상승 히스테리시스를 사용하면 주어진 값을 지나 증가할 때부터 샘플링하는 것이고 하강 히스테리시스를 사용하면 주어진 값을 지나 감소할 때부터 샘플링하는 것이다.

아나로그 윈도우 트리거링 (Analog window triggering)

아나로그 윈도우 트리거링이란 파형의 일정 부분을 샘플링하기 위해 윈도우의 상한치와 하한치를 지정하여 그 안에 파형이 들어갈 때만 샘플링하는 것이다.

디지털 에지 트리거링 (Digital edge triggering)

디지털 파형에서 신호가 상승할 때 샘플링하는가? 하강할 때 샘플링하는가를 디지털 에지 트리거링이라 한다. 신호가 상승할 때 신호를 받기 시작하면 상승에지, 하강할 때 측정을 시작하면 하강 에지라고 한다.

5 아나로그 입출력

5.1 아나로그 입력

단일 루프 단일 샘플링

아래 블록 다이어그램은 while loop 실행 시마다 한번씩 단일 샘플을 구할 때 사용하는 방법이다.

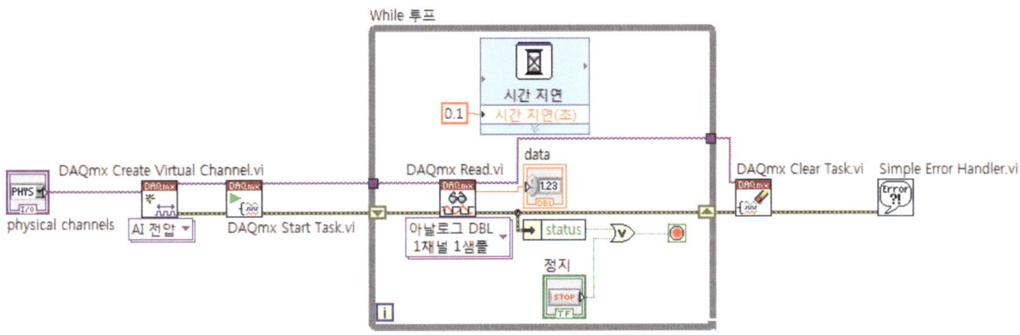

그림 5.1 단일샘플 소프트 타이밍을 위한 아나로그 입력 프로그램

연속 버퍼 수집

아래 블록 다이어그램은 단일 while loop에서 한번 실행 시마다 단일 채널에서 복수개의 샘플을 얻을 경우에 사용한다.

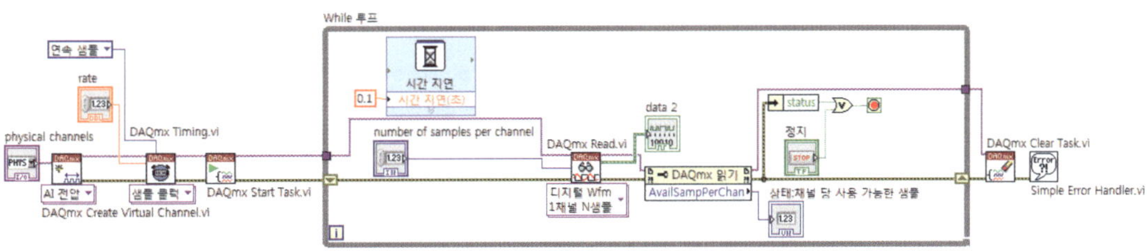

그림 5.2 연속 버퍼 수집

DAQ 어시스턴트를 활용한 아나로그 입력

아나로그 입력을 측정하기 위해서는 몇가지 방법이 있는데 그 중 첫 번째로 DAQ Assistant를 사용하는 방법이 있다.

"함수 - 익스프레스 - 입력 - DAQ Assistant"를 사용한다.

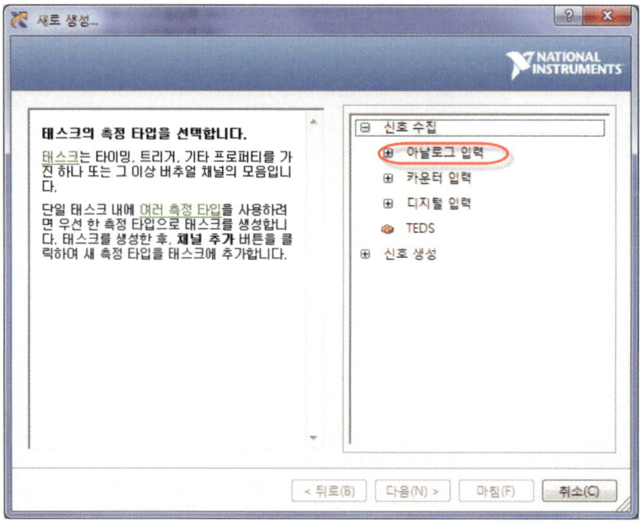

그림 5.3 아나로그 입력

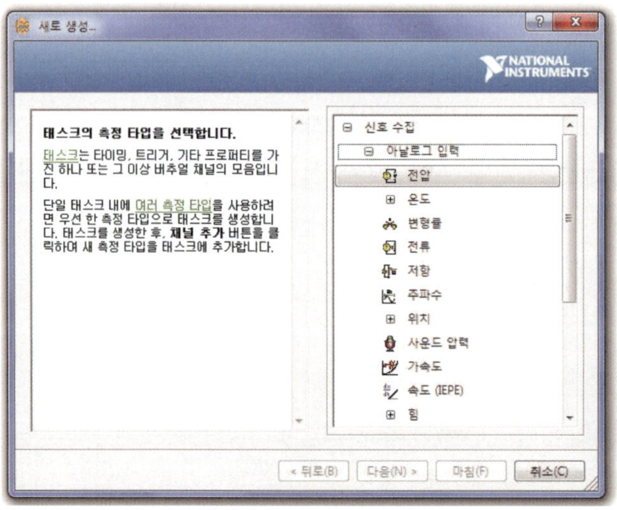

그림 5.4 전압

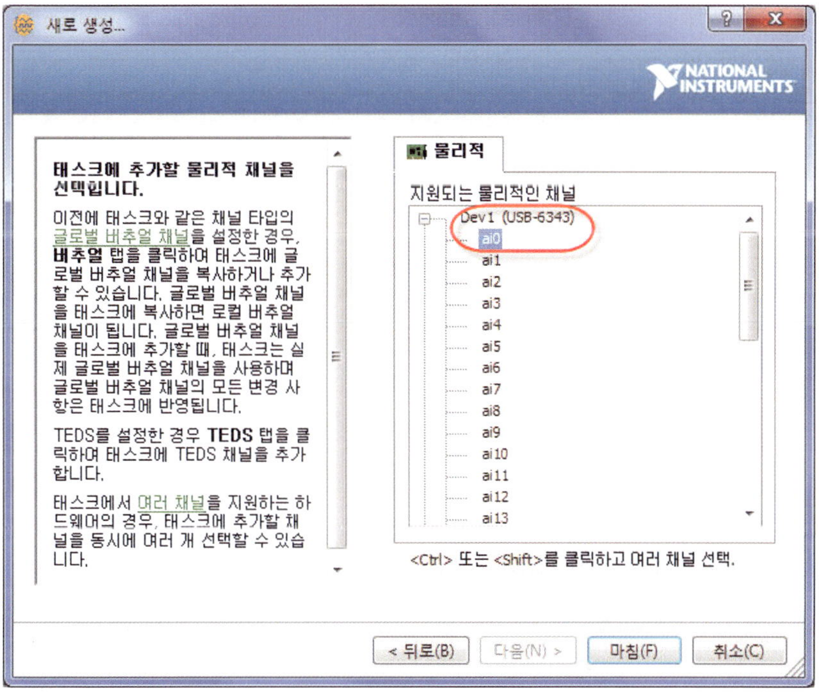

그림 5.5 AI0 선정

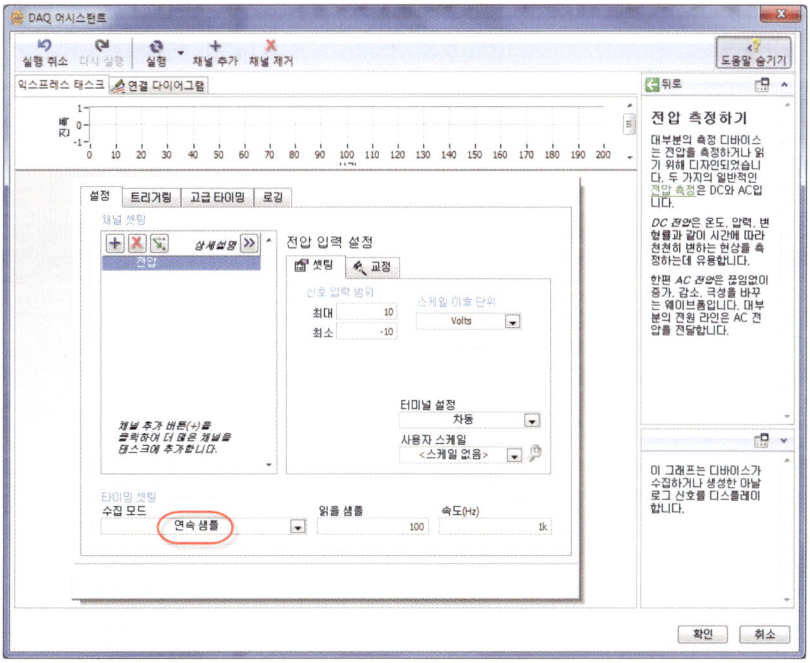

그림 5.6 익스프레스 태스크

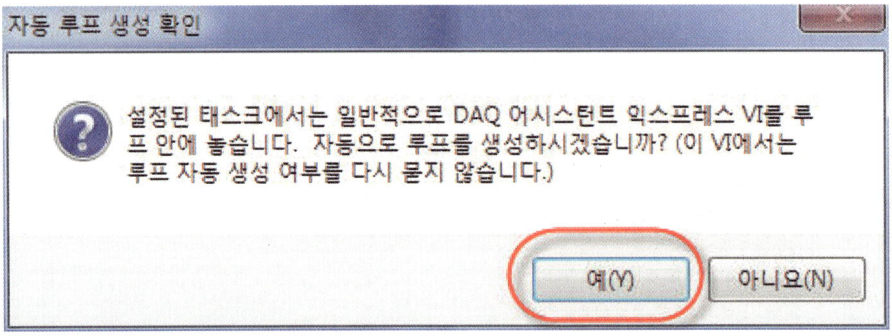

그림 5.7 자동 루프 생성 확인

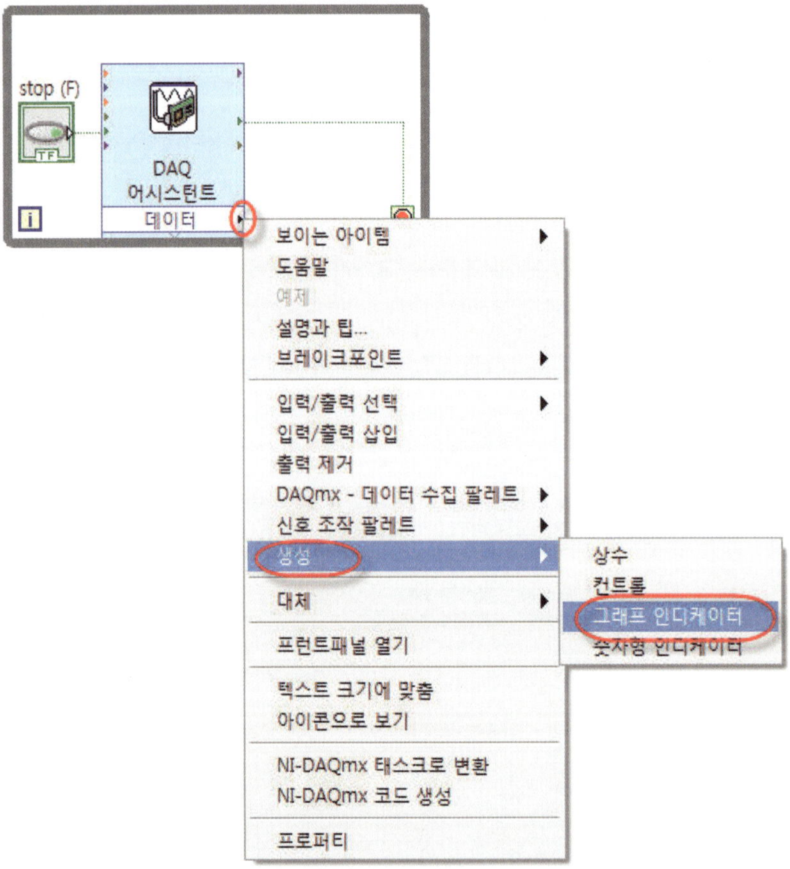

그림 5.8 생성 그래프 인디케이터

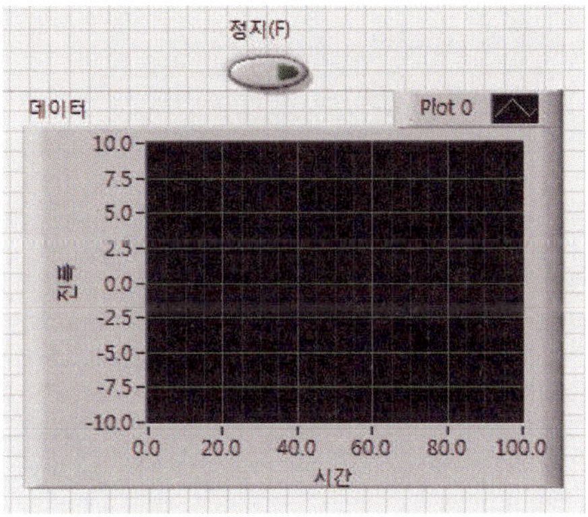

그림 5.9 프런트 패널

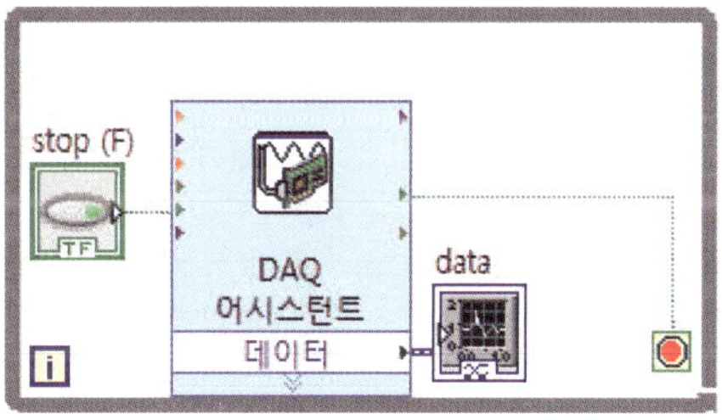

그림 5.10 블록 다이어그램

또 다른 방법은 미리 태스크를 설정한 후 코드 생성하는 것이다.

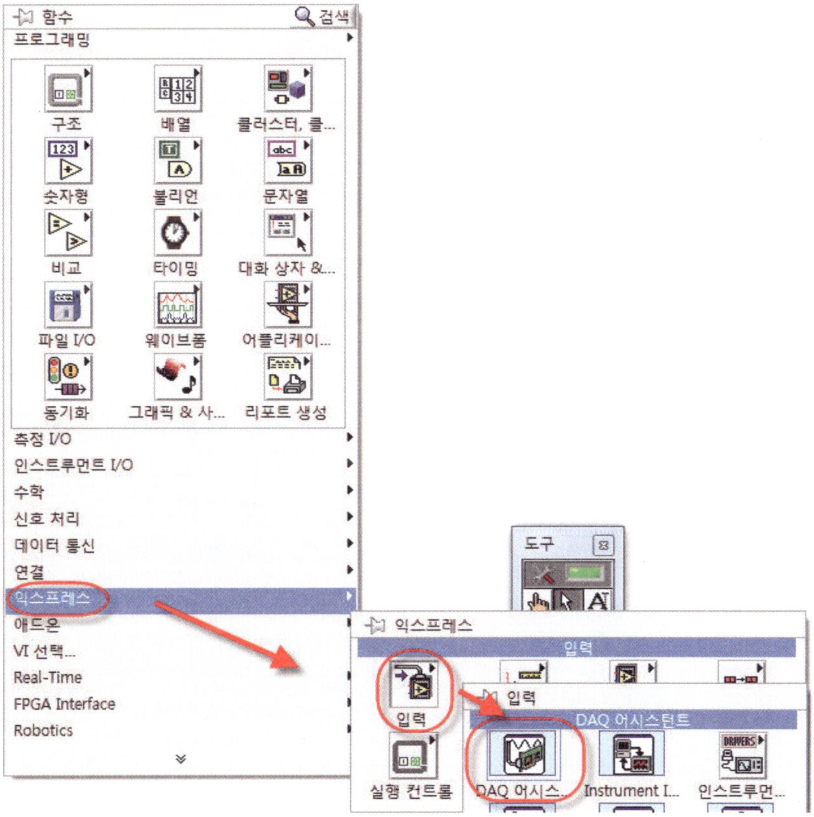

그림 5.11 DAQ 어시스턴트

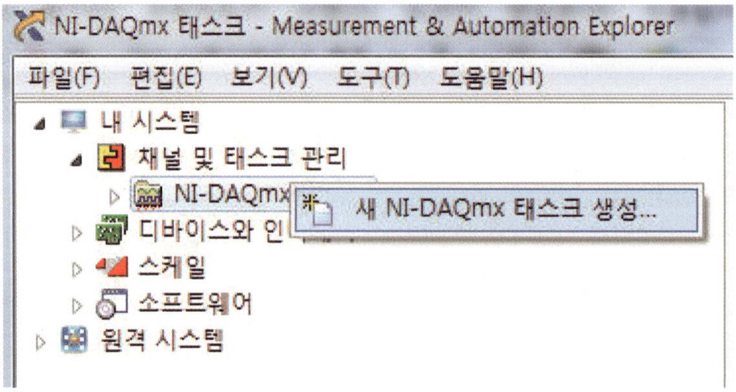

그림 5.12 채널 및 태스크 관리

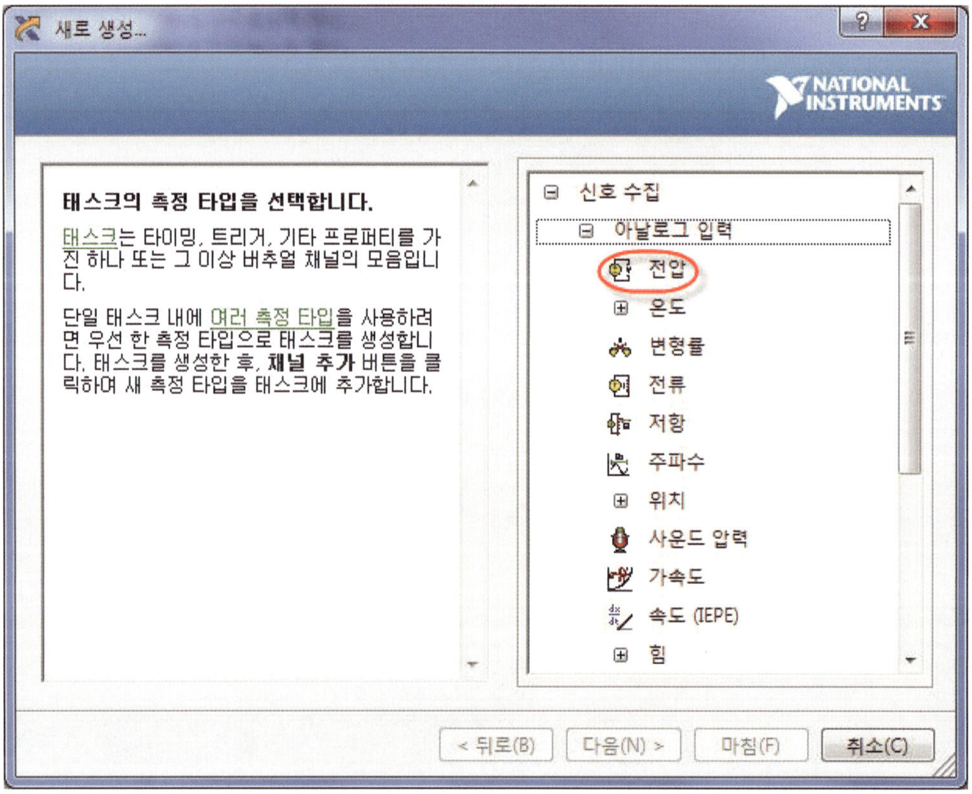

그림 5.13 전압

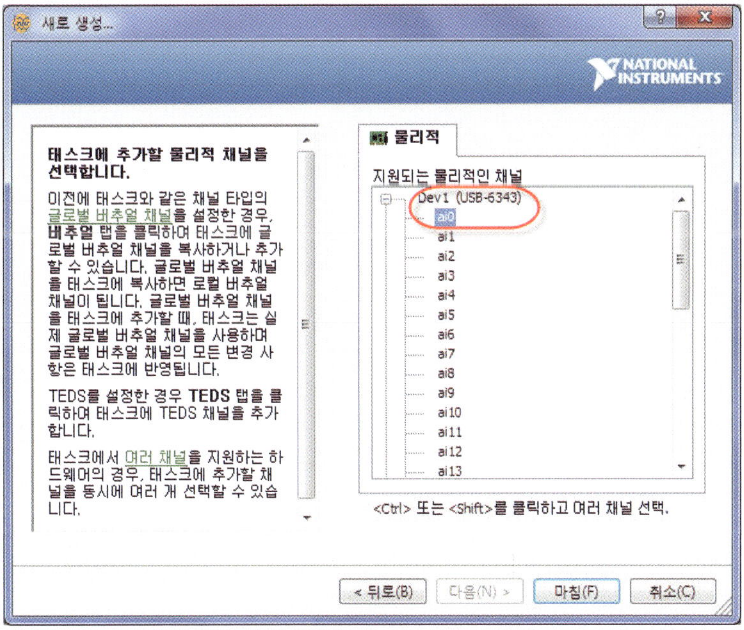

그림 5.14 물리적 채널 설정

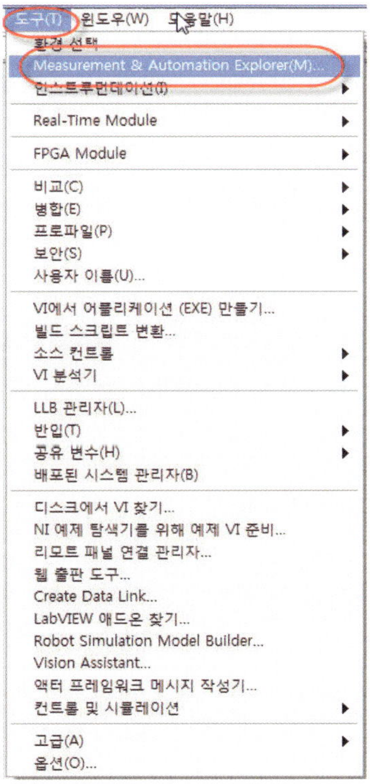

그림 5.15 MAX

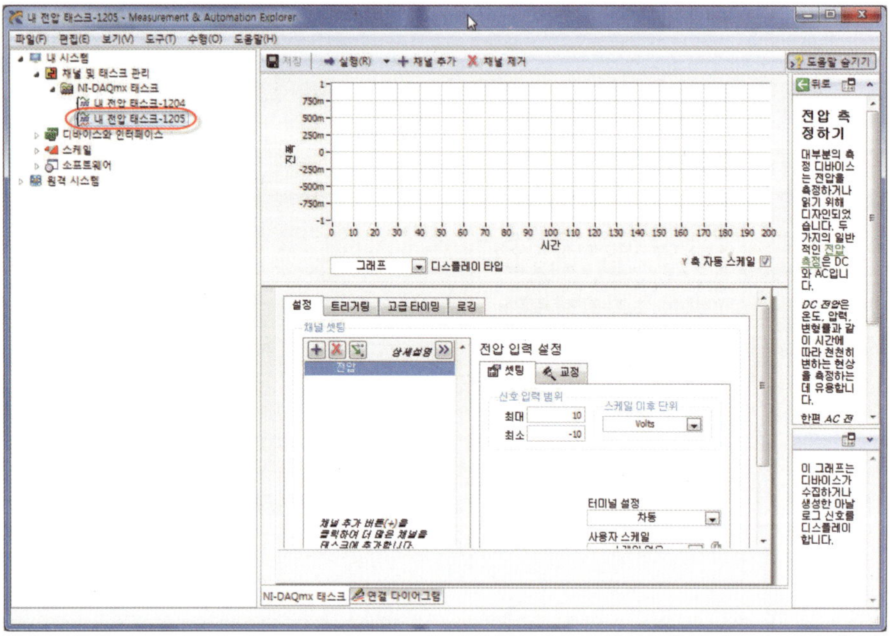

그림 5.16 태스크 설정 화면

채널 및 태스크관리를 마친 후 "함수 - 측정I/O - DAQmx 데이터 수집 - DAQmx 태스크 이름"을 선택한다.

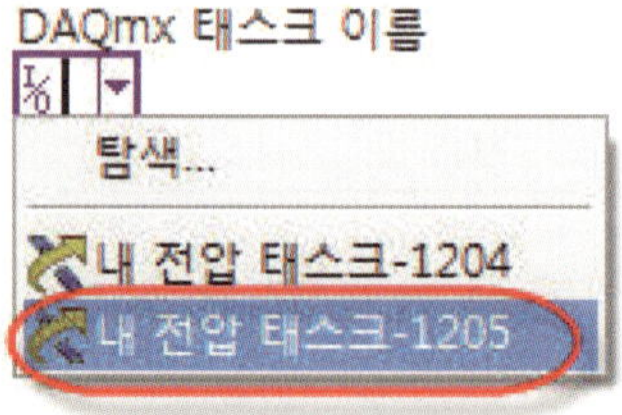

그림 5.17 태스크 이름

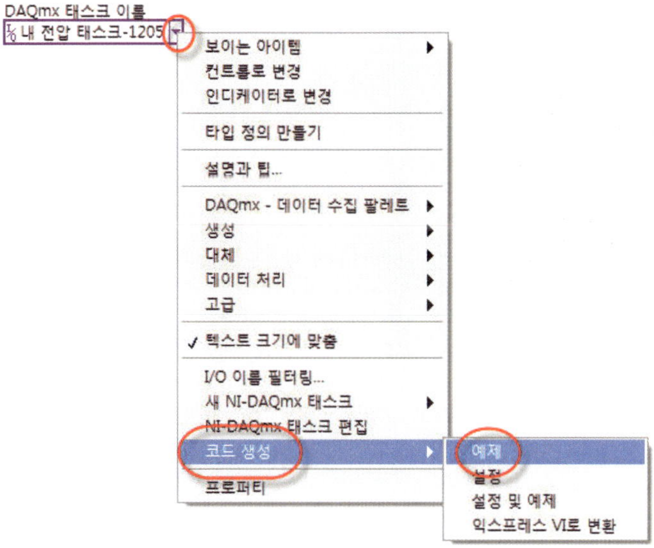

그림 5.18 코드 생성

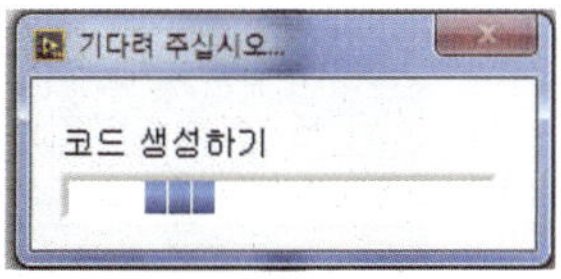

그림 5.19 코드 자동 생성

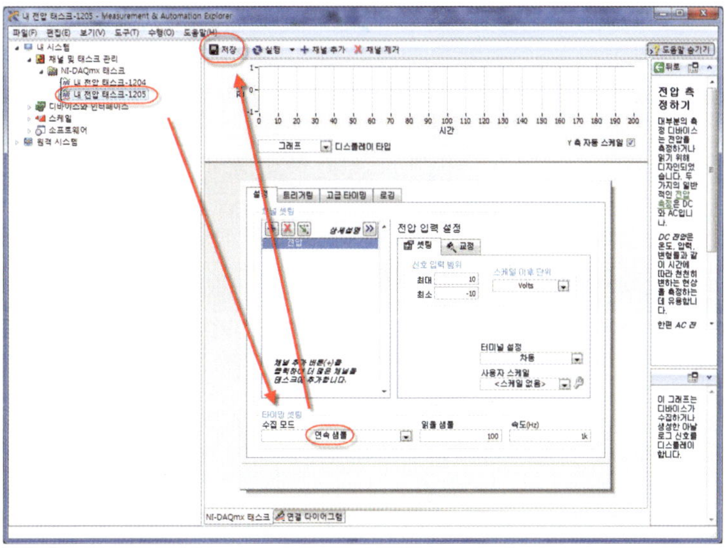

그림 5.20 연속 샘플 저장

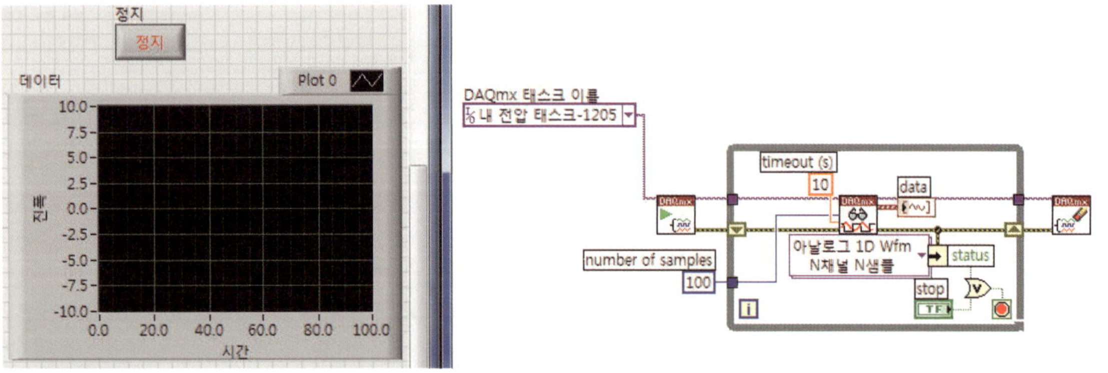

그림 5.21 자동 생성된 화면

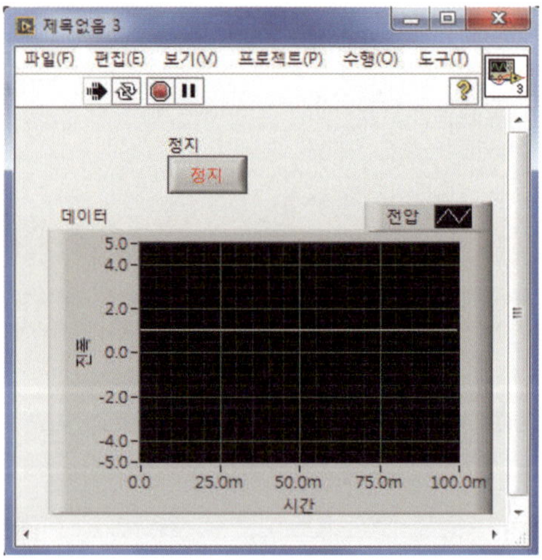

그림 5.22 실행 화면

결선은 차동(Differential)방식으로서 sensor의 +를 Ai0 -를 Ai8에 연결한다.

5.2 아나로그 출력

유한 버퍼 사용

한 채널에서 여러개의 아나로그 출력을 생성할 경우 다음과 같이 한다.

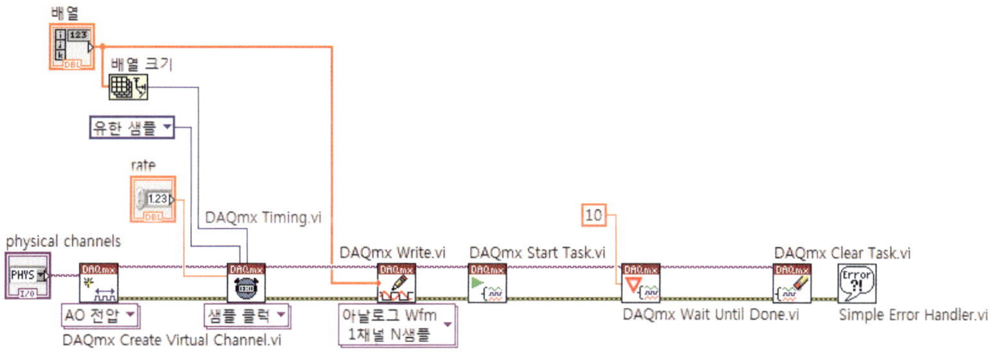

그림 5.23 아나로그 출력 유한 버퍼

웨이브폼 타이밍 사용

웨이브폼 타이밍을 사용하여 아나로그 출력을 할 경우 사용한다.

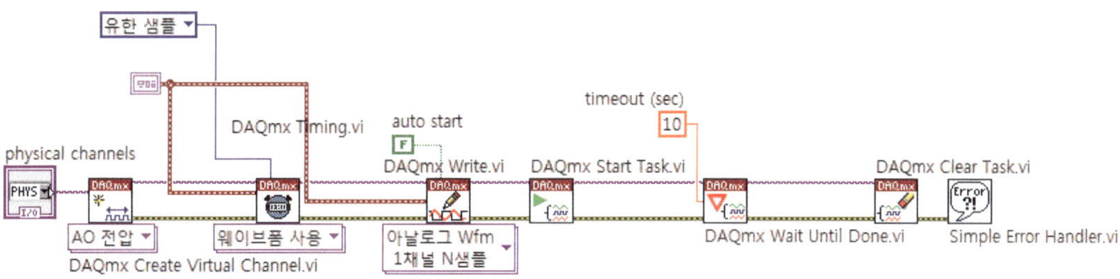

그림 5.24 웨이브폼 타이밍을 사용한 아나로그 출력

연속 버퍼 사용

연속적으로 아나로그 출력의 개수를 무한히 생성할 경우에 사용한다.

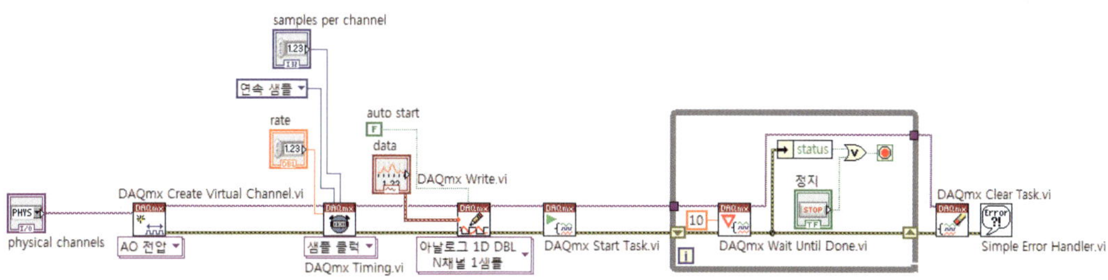

그림 5.25 아나로그 출력 연속 버퍼 사용

트리거를 사용한 아나로그 출력

아나로그를 특정한 트리거를 사용하여 출력할 경우에는 다음과 같이 한다.

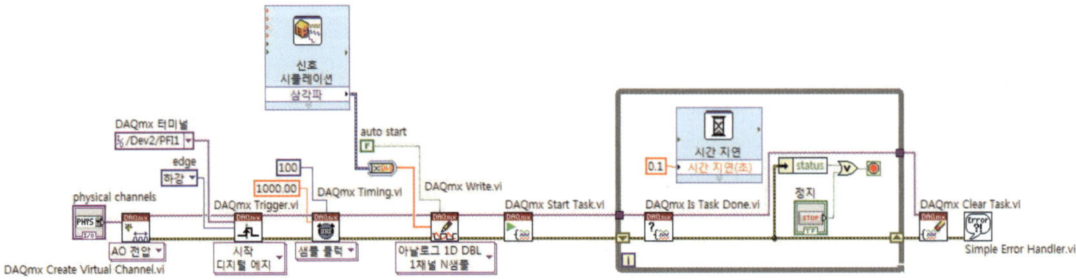

그림 5.26 트리거를 사용한 연속된 아나로그 출력

6 Solar cell 활용

6.1 사용센서 : Solar cell

그림 6.1 Solar cell

6.2 동작원리

Solar cell은 빛을 받으면 P형 반도체쪽으로는 정공이, N형 반도체 쪽으로는 전자가 몰려 분극 현상이 일어난다. 분극이 일어나면 양단 사이에 기전력이 발생하는데 빛이 강할수록 기전력이 커지는 원리이다.

6.3 목적

Solar cell 센서의 동작 원리와 사용방법을 숙지하며 빛의 밝기에 따라 달라지는 기전력의 변화를 측정한다.

6.4 실험 사항

빛의 밝기에 따라 기전력변화현상 확인

6.5 소요 장비 및 센서 리스트

장비 리스트	수량	비고
Solar cell 센서	1	
NI USB-6343	1	

6.6 프로그램 시 구현할 기능

핵심 기능	고려할 사항
기전력 측정	NI USB-6343 의 Analog input 기능을 이용하되 조도에 따라 달라지는 기전력의 변화를 모니터링한다.

6.7 센서 연결

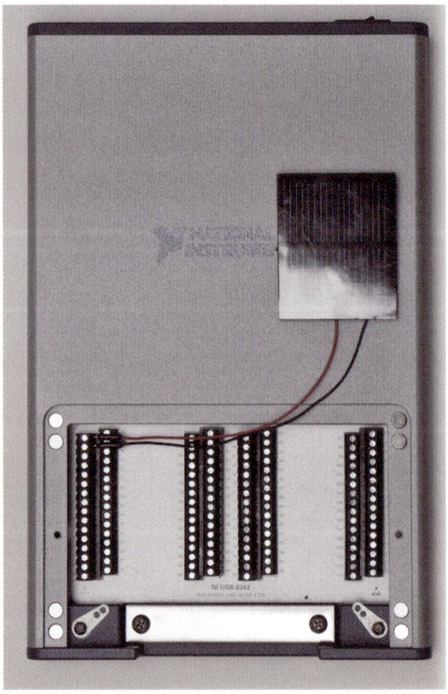

그림 6.2 태양전지 연결법

Analog Input	
sensor +	AI0
sensor -	AI8

6.8 프로그램 작성

- LabVIEW 이용 기능

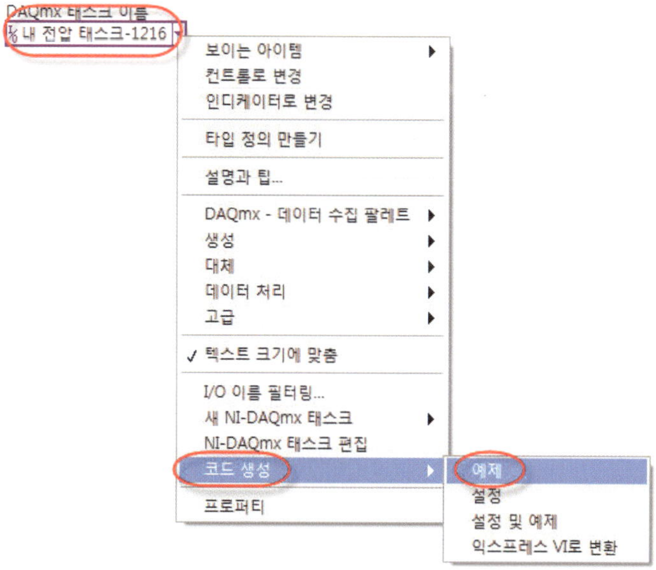

그림 6.3 코드 생성

6.9 프로그램 완성

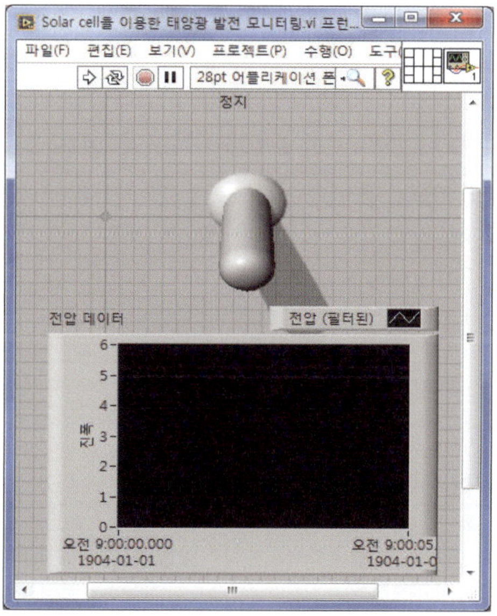

그림 6.4 완성된 프런트 패널

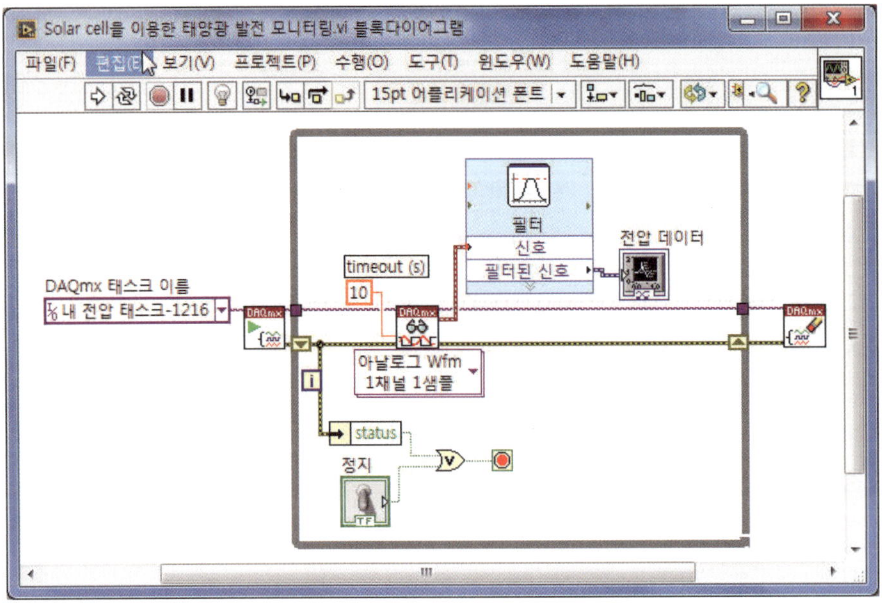

그림 6.5 완성된 블록 다이어그램

연습문제

A. Solar cell의 기본원리를 설명하여라.

B. 위의 예제를 사용하여 실내의 조명 변화에 따른 기전력 변화 정도를 다음 표를 이용하여 측정하고 엑셀을 이용하여 그래프로 표현하여라.

조명		기전력 변화	
플래쉬	10cm 떨어져 비출 때		
	20cm 떨어져 비출 때		
	30cm 떨어져 비출 때		
	40cm 떨어져 비출 때		
	50cm 떨어져 비출 때		

7 Thermocouple을 이용한 온도 측정 시스템

7.1 사용 센서: thermocouple(K type)

그림 7.1 K type thermocouple

7.2 동작원리

thermocouple은 두가지의 종류가 다른 두선 끝부분의 온도 차이에 따라 기전력이 발생되는 센서로서 온도 차이에 따라 기전력이 달라진다. 열전대에 적용되는 원리는 제벡효과(Seebeck effect)라 하는데 K type의 경우 두가지의 선 중 하나는 금속선이고 또 다른 하나는 P형 반도체이다. 만약 두선 사이의 온도차가 발생하면 온도차에 따라 정공이 확산되어 한쪽에 몰리면 전위차가 발생하여 전기가 흐르는 원리이다.

K형 열전대는 +쪽에 Cr을 약 10% 포함한 Ni-Cr합금(chromel)과 -쪽에 Al, Mn을 약간 포함한 Ni합금(Alumel)을 사용한 열전대이다. 이 열전대는 최대 약 1200℃의 고온까지 사용이 가능하고 기전력특성이 비교적 직선적이며 내열, 내식성이 상대적으로 높은 특성을 갖고 있다. 사진에서 보는 바와 같이 KS규격에 따르면 +선은 red, -선은 white색을 갖고 겉의 피복은 blue색으로 되어 있다. 이외에도 사용환경이나 온도 범위에 따라 J, T, R, S, E, B형 등의 열전대가 사용된다.

7.3 목적

thermocouple센서의 동작 원리와 사용방법을 숙지하며 온도의 차이에 따라 달라지는 기전력의 변화를 측정하고 챠트로 그린다.

7.4 실험 사항

온도 차이에 따라 기전력변화현상 확인

7.5 소요 장비 및 센서 리스트

장비 리스트	수량	비고
thermocouple (K type)	1	
NI USB-6343	1	

Type K Thermocouple Table

Nickel-Chromium/Nickel-Aluminium,Electromotive Force as a function of temperature,E/ μV

t90/°C	0	1	2	3	4	5	6	7	8	9	t90/°C
0	0	39	79	119	158	198	238	277	317	357	**0**
10	397	437	477	517	557	597	637	677	718	758	**10**
20	798	838	879	919	960	1000	1041	1081	1122	1163	**20**
30	1203	1244	1285	1326	1366	1407	1448	1489	1530	1571	**30**
40	1612	1653	1694	1735	1776	1817	1858	1899	1941	1982	**40**
50	2023	2064	2106	2147	2188	2230	2271	2312	2354	2395	**50**
60	2436	2478	2519	2561	2602	2644	2685	2727	2768	2810	**60**
70	2851	2893	2934	2976	3017	3059	3100	3142	3184	3225	**70**
80	3267	3308	3350	3391	3433	3474	3516	3557	3599	3640	**80**
90	3682	3723	3765	3806	3848	3889	3931	3972	4013	4055	**90**
100	4096	4138	4179	4220	4262	4303	4344	4385	4427	4468	**100**
110	4509	4550	4591	4633	4674	4715	4756	4797	4838	4879	**110**
120	4920	4961	5002	5043	5084	5124	5165	5206	5247	5288	**120**
130	5328	5369	5410	5450	5491	5532	5572	5613	5653	5694	**130**
140	5735	5775	5815	5856	5896	5937	5977	6017	6058	6098	**140**
150	6138	6179	6219	6259	6299	6339	6380	6420	6460	6500	**150**
160	6540	6580	6620	6660	6701	6741	6781	6821	6861	6901	**160**
170	6941	6981	7021	7060	7100	7140	7180	7220	7260	7300	**170**
180	7340	7380	7420	7460	7500	7540	7579	7619	7659	7699	**180**
190	7739	7779	7819	7859	7899	7939	7979	8019	8059	8099	**190**
200	8138	8178	8218	8258	8298	8338	8378	8418	8458	8499	**200**
210	8539	8579	8619	8659	8699	8739	8779	8819	8860	8900	**210**
220	8940	8980	9020	9061	9101	9141	9181	9222	9262	9302	**220**
230	9343	9383	9423	9464	9504	9545	9585	9626	9666	9707	**230**
240	9747	9788	9828	9869	9909	9950	9991	10031	10072	10113	**240**

그림 7.2 K type thermocouple 온도 대 전압특성 비교표

7.6 프로그램 시 구현할 기능

핵심 기능	고려할 사항
기전력 측정	NI USB-6343 의 Analog input 기능을 이용하되 온도 차이에 따라 달라지는 기전력의 변화를 모니터링한다.

7.7 센서 연결

K type Thermocouple의 경우 피복은 파란색, +선은 빨간색, -선은 흰색으로 되어있다.

Analog Input	
sensor +	AI0
sensor -	AI8

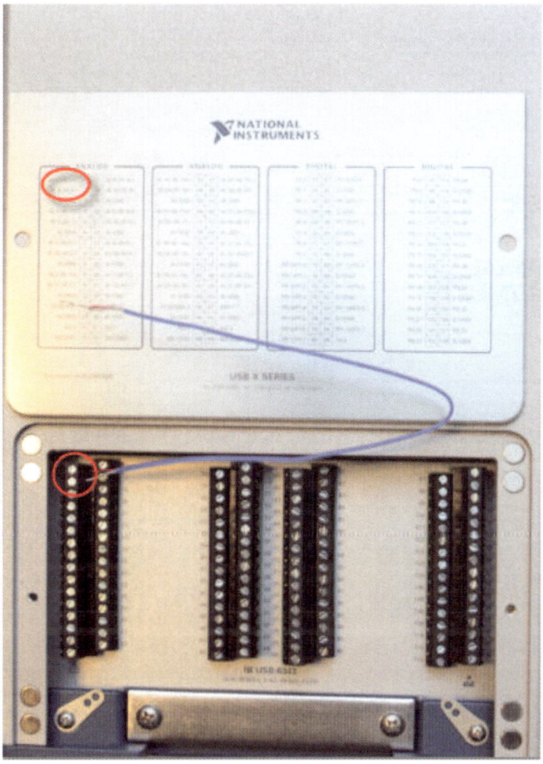

그림 7.3 K type Thermocoule 연결

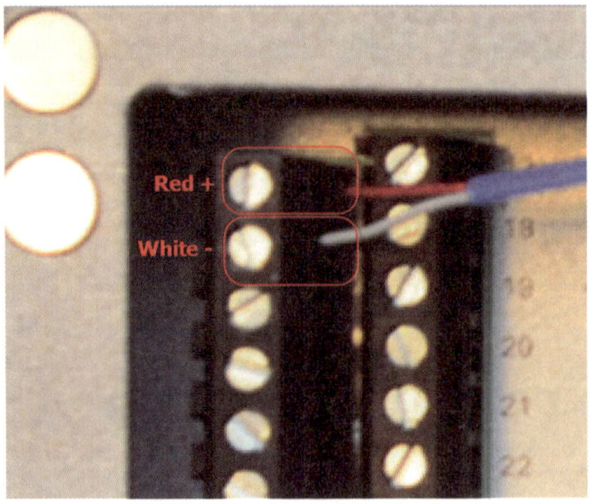

그림 7.4 연결 상세 보기

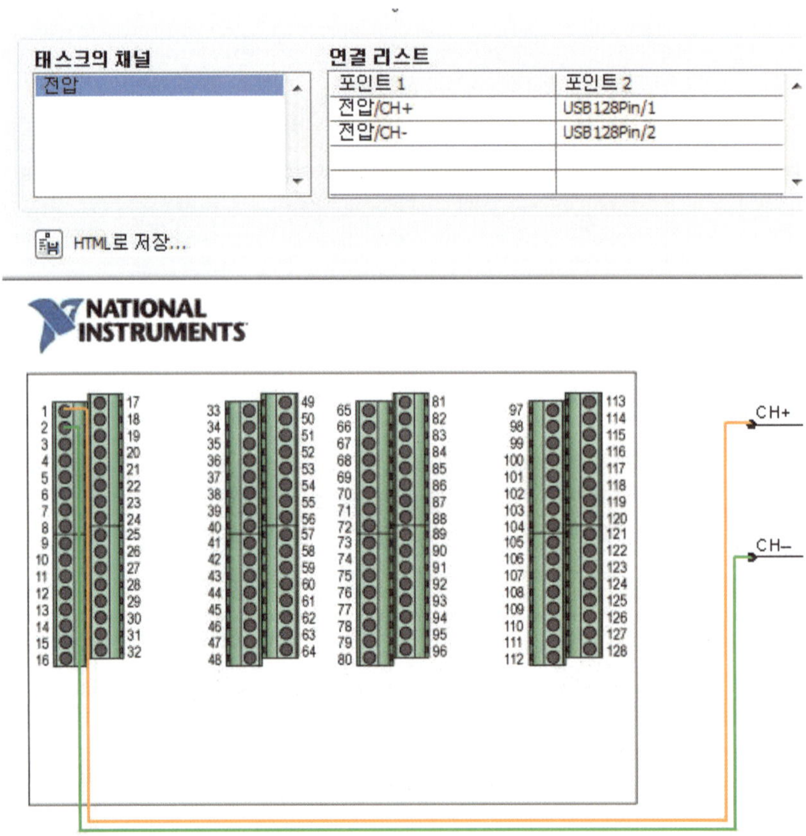

그림 7.5 연결도

7.8 프로그램 작성

- LabVIEW 이용 기능

  Analog input, 온도측정, 챠트 그리기

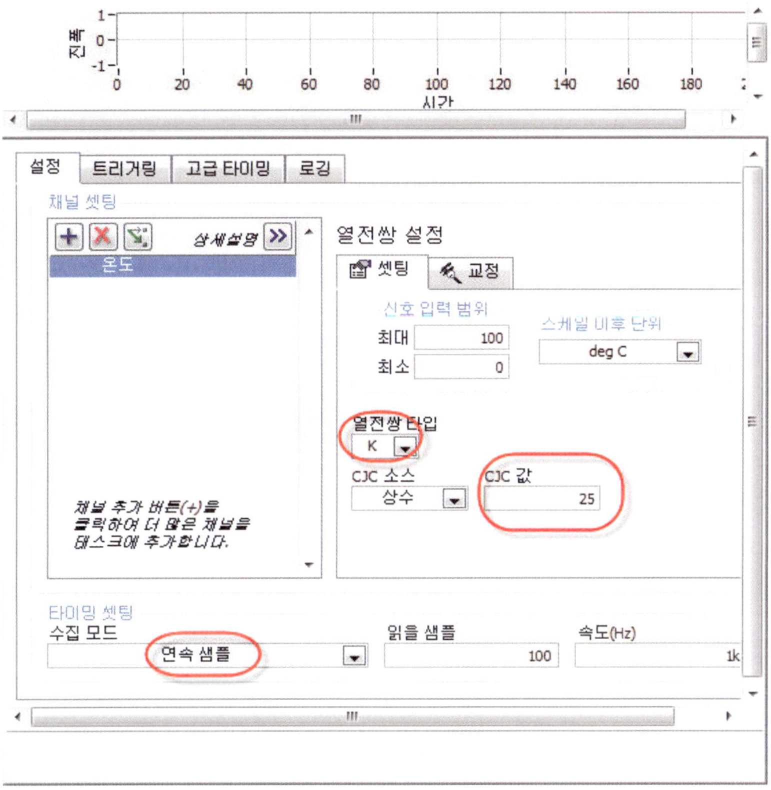

그림 7.6 CJC 값

여기서 반드시 주의할 사항이 있다.

다음 그림에 보인 바와 같이 CJC 값을 설정해야 한다. CJC 값이란 Cold Junction Compensation의 약자로서 실온보상의 의미이다. 열전대에서 발생되는 전압은 온도 측정점과 측정기에 조립된 열전대 끝부분사이의 온도차이를 의미한다. 따라서 실제 온도를 알기 위해서는 실온 보상을 해줘야 하는데, 일반적으로 열전대를 이용한 상용의 온도측정기는 뒷부분에 실온을 측정하는 저항이 내장되어 자동으로 실온을 보상한다. 그러나 여기서는 열전대의 개념을 알기 위해 실험하므로 실온이 25℃ 일 경우 25로 입력한다. 물론 실온이 측정하는 경우 급격하게 변화하지 않고 25℃로 고정되었다고 가정하여 실험하는 것이다.

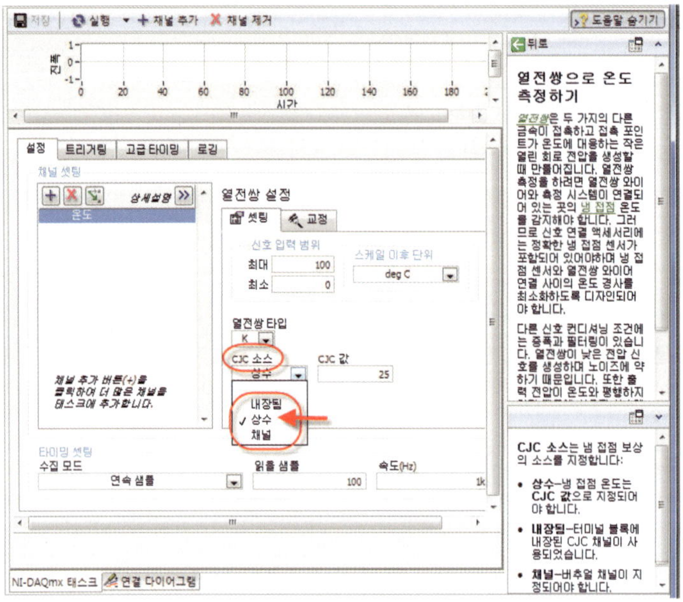

만약 정확한 온도 값이 필요하면 다음과 같이 "CJC소스"를 변경 선택한다.

실내 온도측정기능을 내장한 전용 온도측정 모듈일 경우 내장됨을 선택하고, 실온 보상 센서가 별도로 있다면 NI USB-6343의 별도 채널에 이를 연결하여 실온 보상하도록 선택한다.

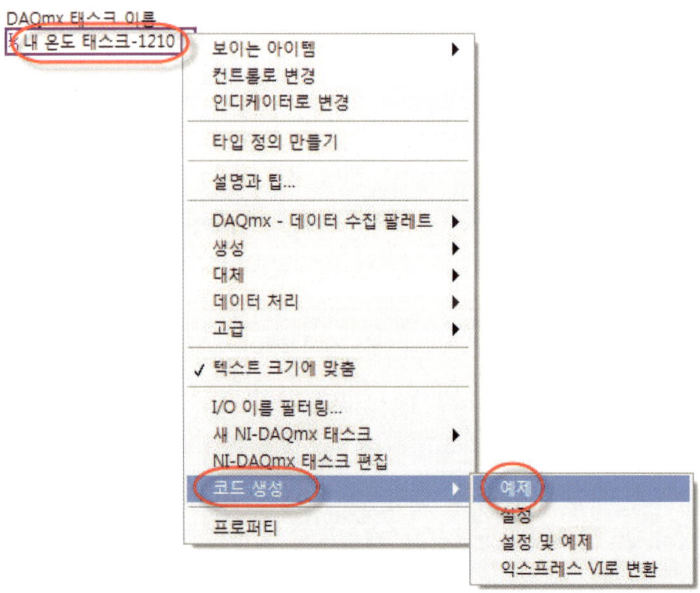

그림 7.7 코드 생성

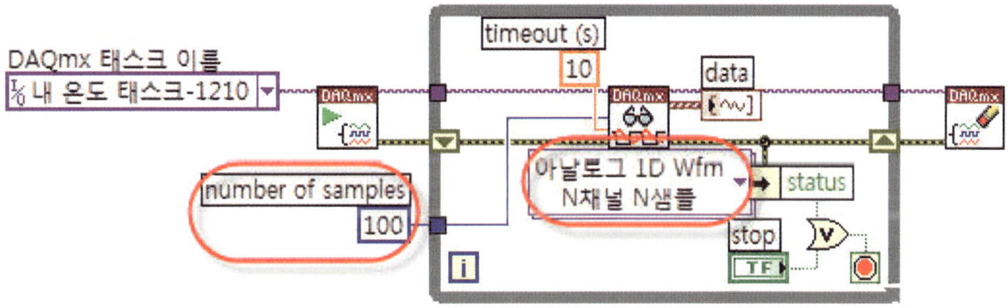

그림 7.8 수정할 부분

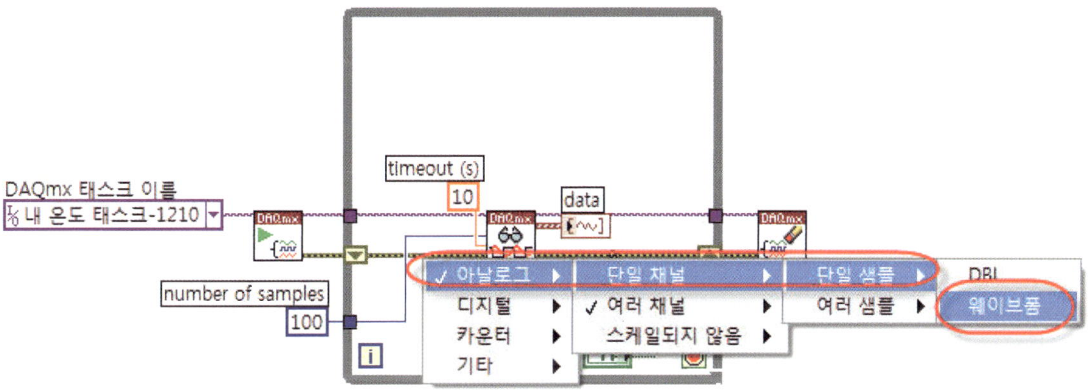

그림 7.9 수정 과정

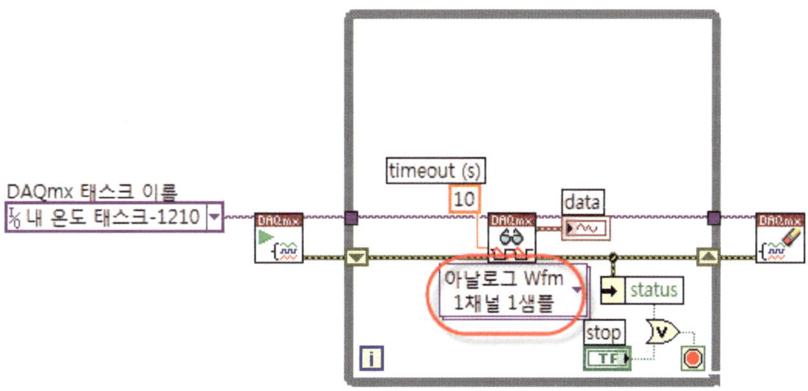

그림 7.10 아날로그 1채널 1샘플

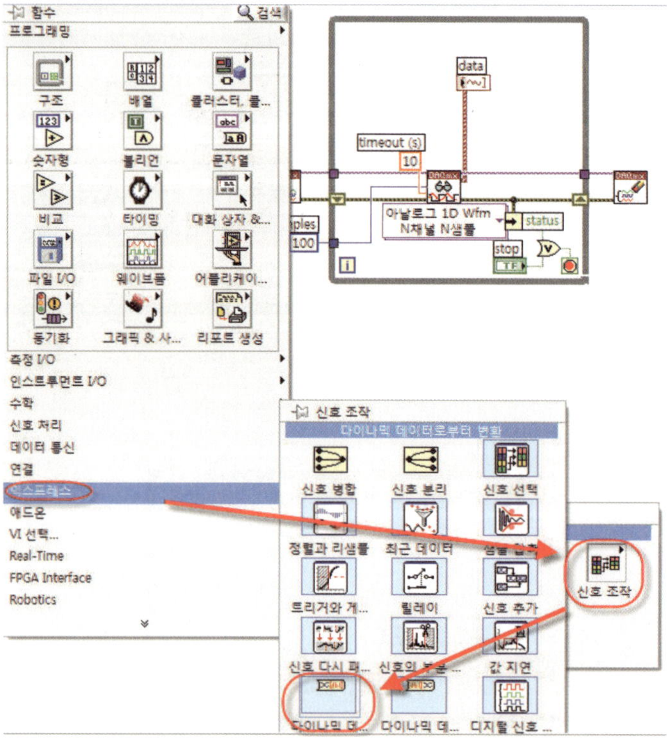

그림 7.11 다이나믹 데이터로부터 변환

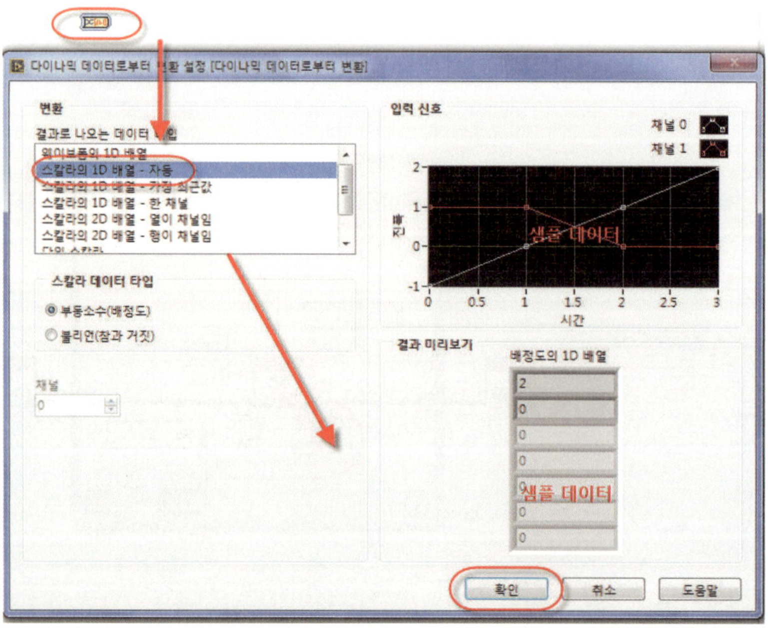

그림 7.12 다이나믹 데이터로부터 변환 설정

생성된 인디케이터는 웨이브폼 챠트로 대체 한다.

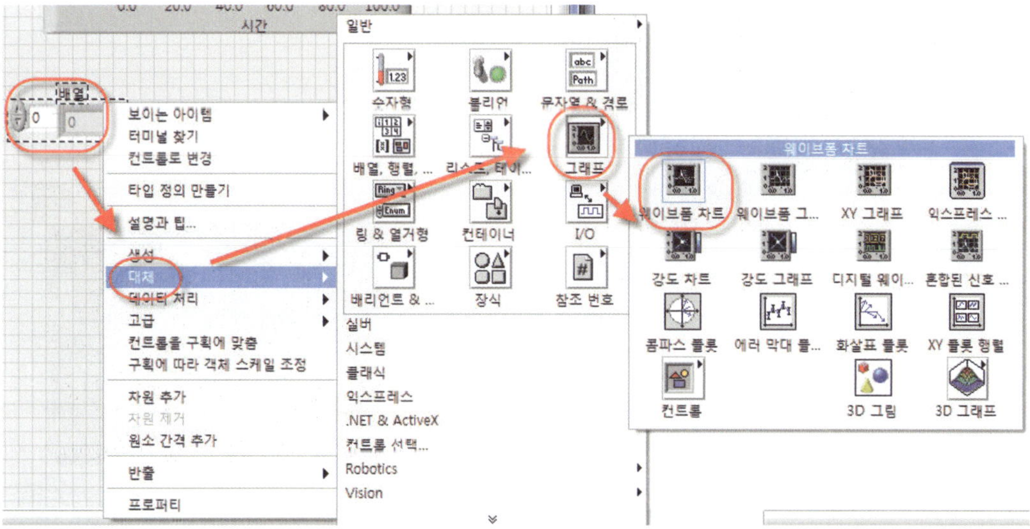

그림 7.13 웨이브폼 챠트로 대체

그래프를 보면 측정된 온도 파형에 잡음이 심한 것을 알 수 있다. Y축 Autoscale을 끄고 범위를 그림과 같이 수동설정한다.

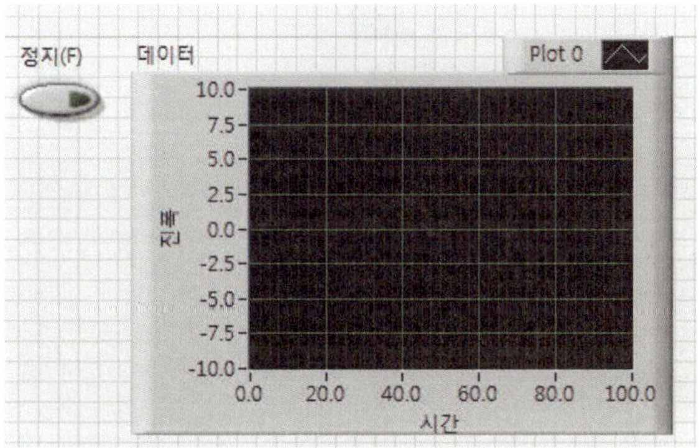

그림 7.14 생성된 그래프

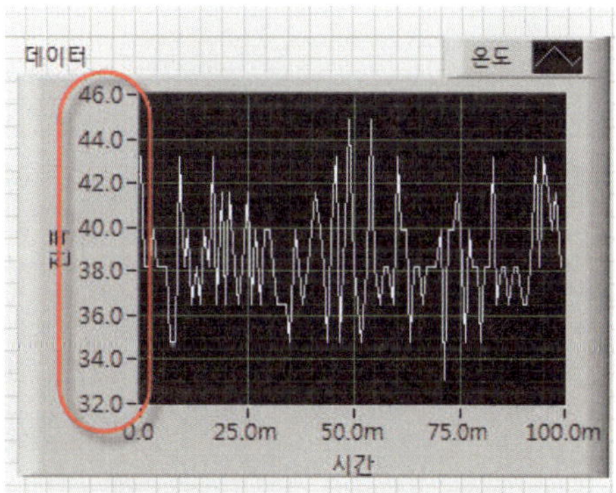

그림 7.15 Y축 Autoscale 상태

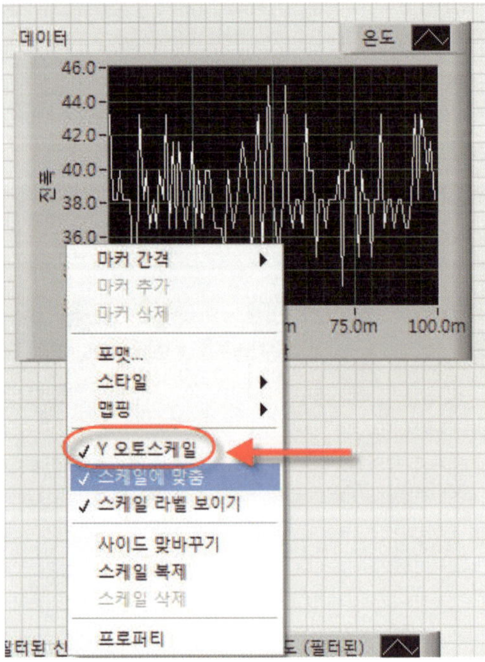

그림 7.16 Autoscale 끄기

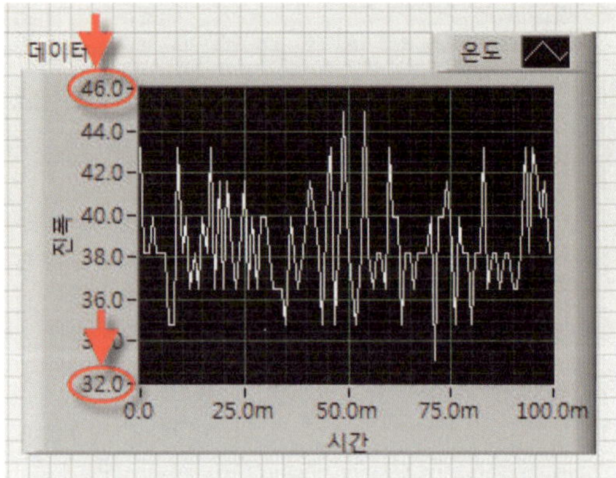

그림 7.17 수동설정 이전의 온도범위

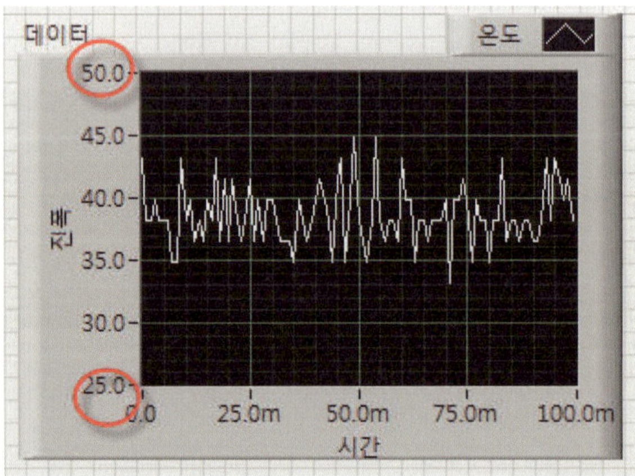

그림 7.18 수동설정 결과

수동 설정 이후에도 여전히 잡음이 많으면 필터를 사용하여 잡음을 제거한다.

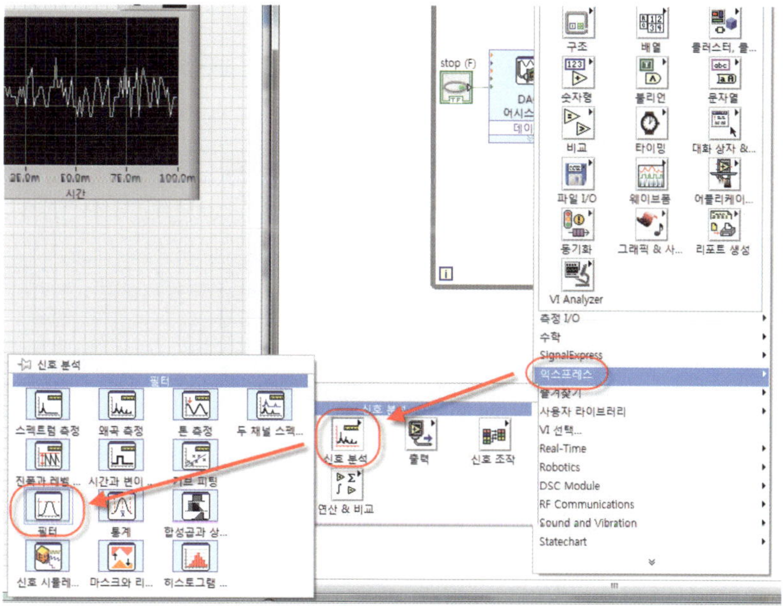

그림 7.19 필터 추가

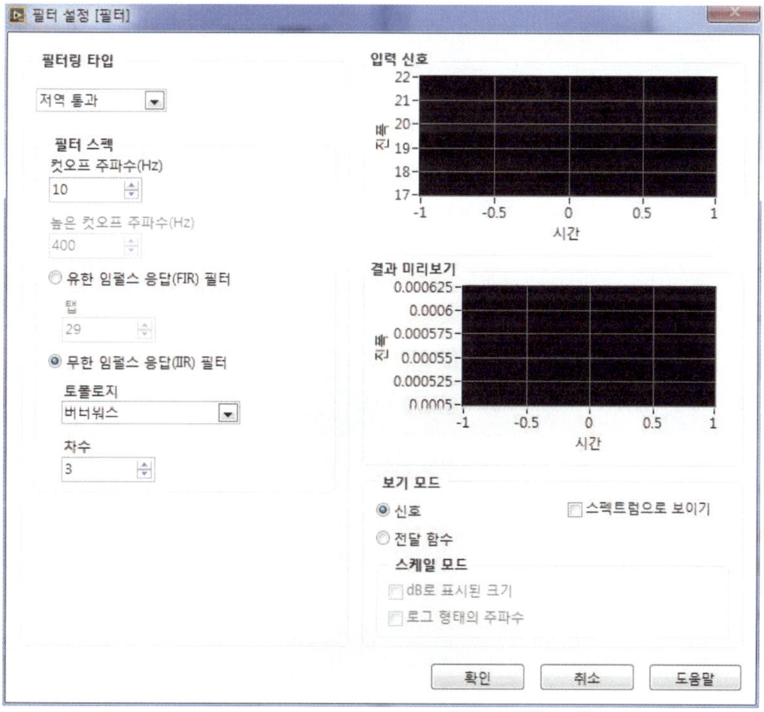

그림 7.20 필터 설정

Cutoff frequency는 온도가 빨리 변화하지 않으므로 10Hz정도로 설정한다. filtering이후 다음과 그림과 같이 잡음이 제거된 것을 알 수 있다. 프런트 패널의 결과를 온도계로 표시하면 다음과 같다.

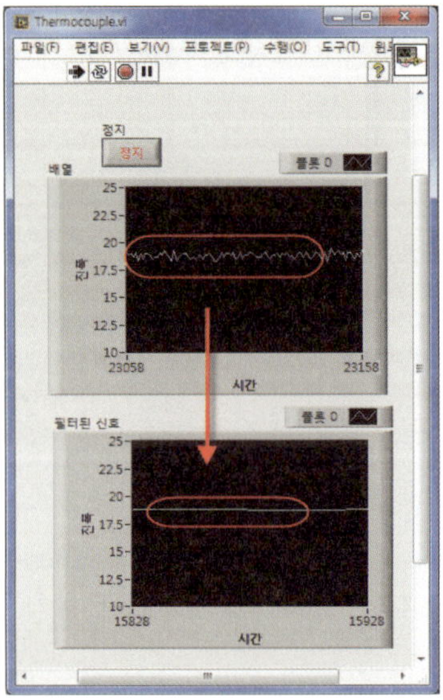

그림 7.21 필터링 이후 변화된 차트

7.9 프로그램 완성

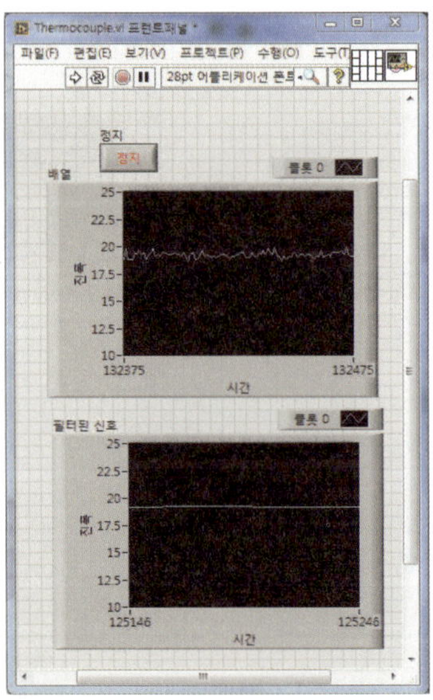

그림 7.22 완성된 프런트 패널

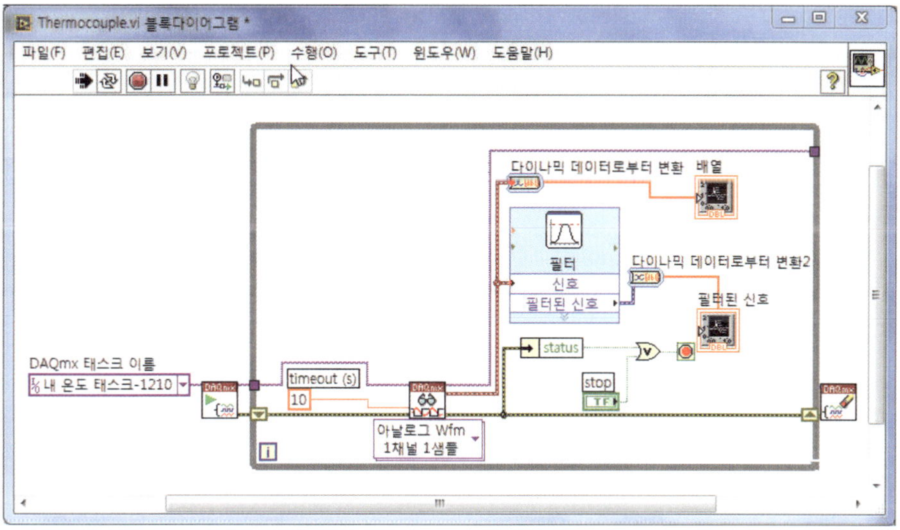

그림 7.23 완성된 블록 다이어그램

연습문제

A. Thermocouple의 원리를 설명하여라.

B. CJC(cold junction compensation)이 측정결과에 어떠한 영향을 주는지 설명하여라.

8 CdS 활용

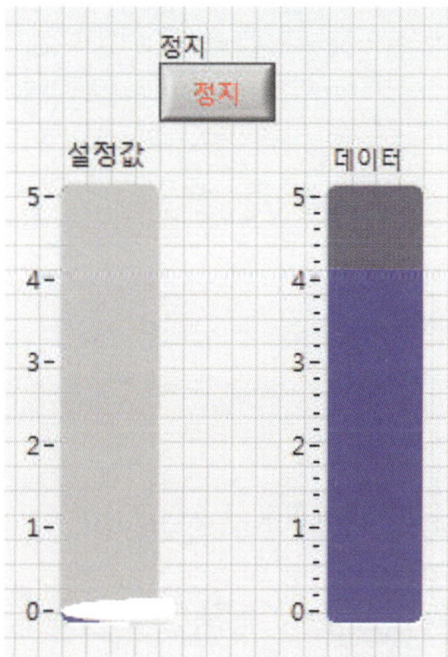

그림 8.1 프런트 패널

8.1 개요

어두워지면 자동으로 켜지는 가로등을 만든다. 본 예제를 활용하면 빛의 밝기에 따라 자동 점등되는 조도 스위치를 만들 수 있다.

8.2 사용센서: CdS

그림 8.2 CdS

8.3 동작원리

빛의 밝기를 측정하는 센서로 빛의 양에 따라 저항이 달라지는 특성을 이용하여 저항을 측정하여 조도를 판별한다.

8.4 목적

CdS 센서의 동작 원리와 사용방법을 숙지하며 빛의 밝기에 따라 달라지는 저항이 달라지는 정도를 측정한다.

8.5 실험 사항

빛의 밝기에 따라 저항변화현상 확인

8.6 소요 장비 및 센서 리스트

장비 리스트	수량	비고
CdS 센서	1	
Power supply	1	+12V
Lamp	1	꼬마 전구
Relay	1	
NI USB-6343	1	

8.7 프로그램 시 구현할 기능

핵심 기능	고려할 사항
저항 환산	NI USB-6343의 전압측정 기능을 이용하되 조도와 CdS에 따라 달라지는 전위차계회로를 구성하여 저항의 변화를 전압의 변화로 측정한 뒤 저항 변화를 역으로 환산한다.
digital output	설정된 조도 즉 저항의 값을 초과하면 램프를 켜기 위해 스위치를 동작시키기 위한 digital output을 출력하고 이를 활용하여 전원을 on/off하도록 릴레이를 구동한다.
Relay 동작	digital output 신호를 이용하여 릴레이를 동작시킨다.

8.8 연결

Analog Input	
sensor +	AI0
sensor -	AI8

8.9 프로그램 작성

- LabVIEW 이용 기능

전압측정, digital output, 그래프

LabVIEW의 Analog In을 사용하되 전위차계 회로를 사용하여 회로를 구성한 후 전압을 측정한 뒤 저항 변화를 계산한다. 여기서는 전위차계 회로를 만들기 위해 1kΩ을 사용한다.

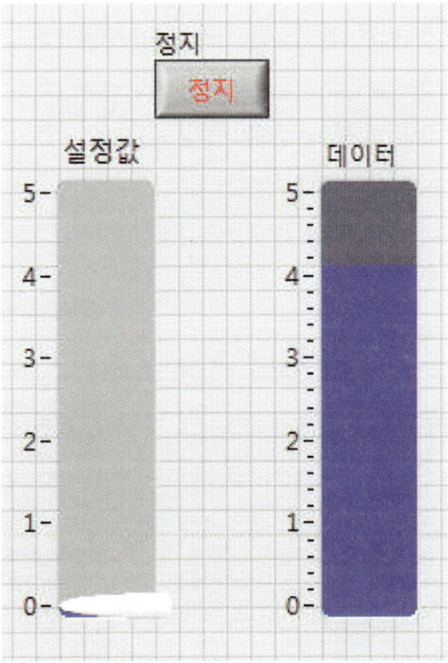

그림 8.3 프런트 패널

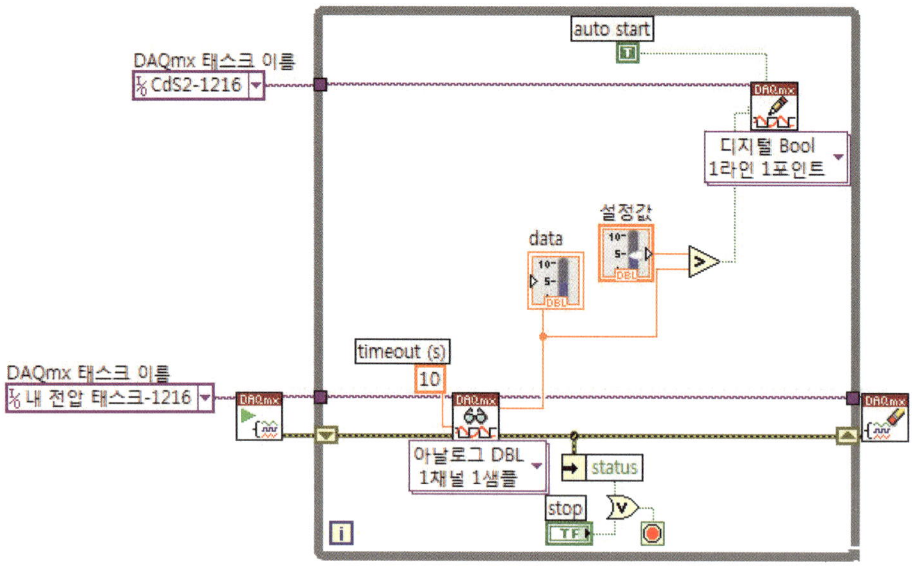

그림 8.4 블록 다이어그램

프로그램 과정을 하나씩 보이면 다음과 같이 된다.

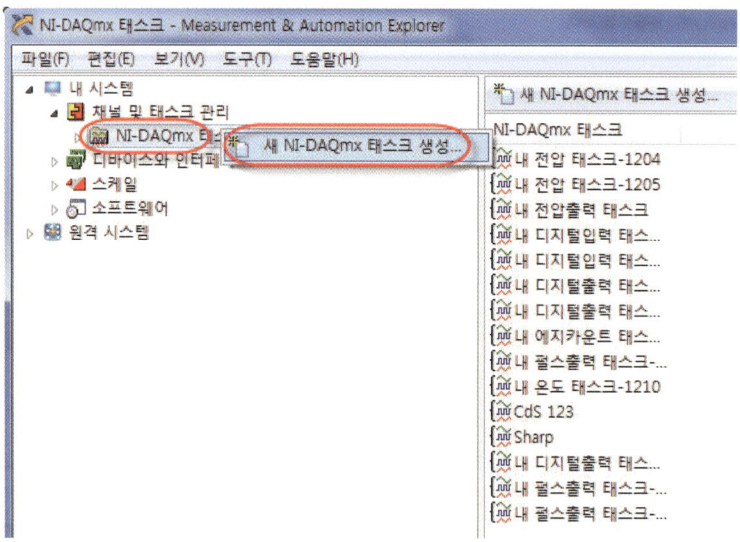

그림 8.5 새 NI-DAQmx 태스크 생성

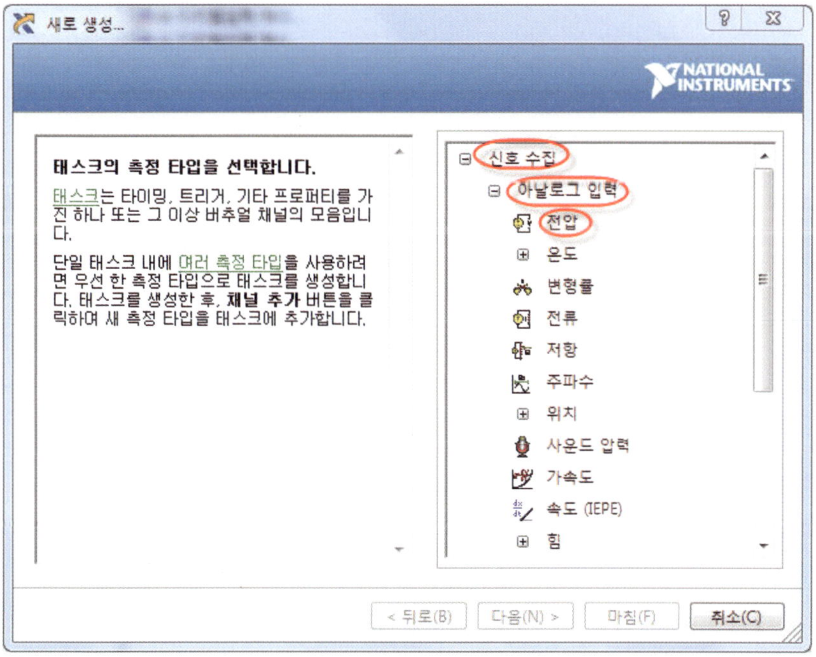

그림 8.6 전압 생성

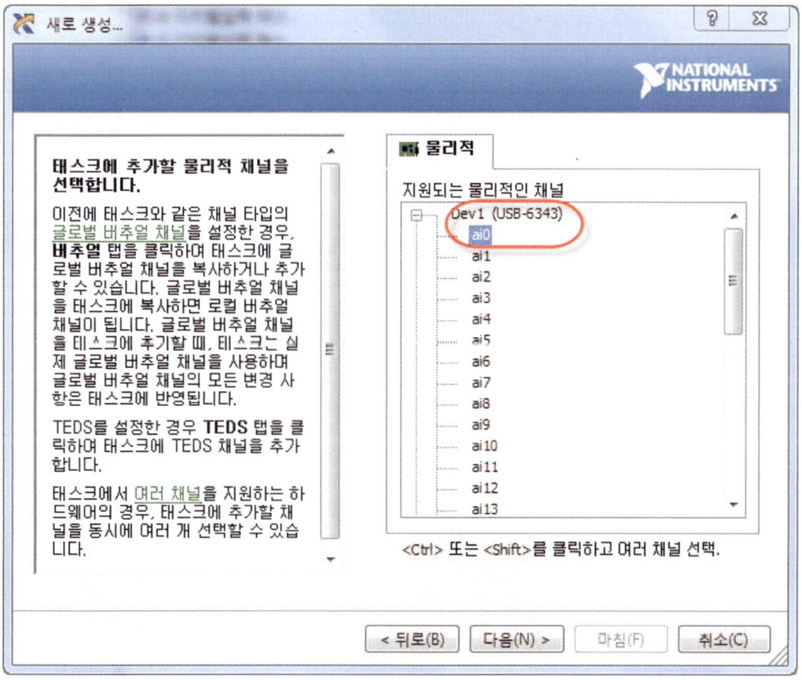

그림 8.7 물리적 채널 설정

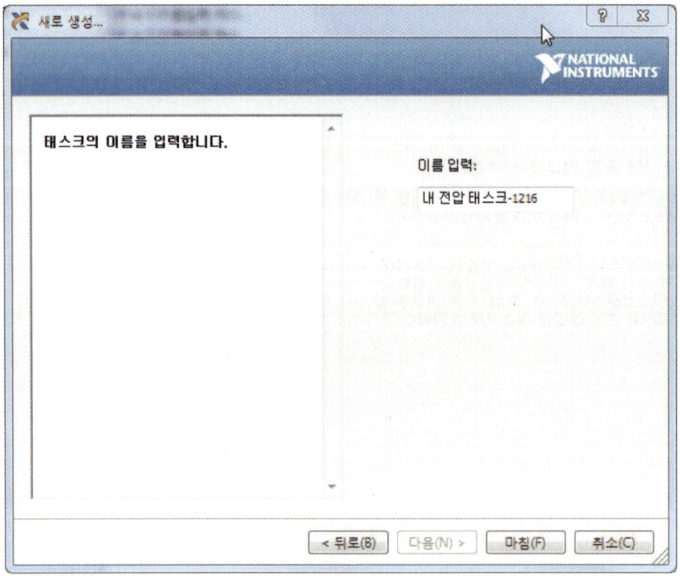

그림 8.8 태스크 이름 입력

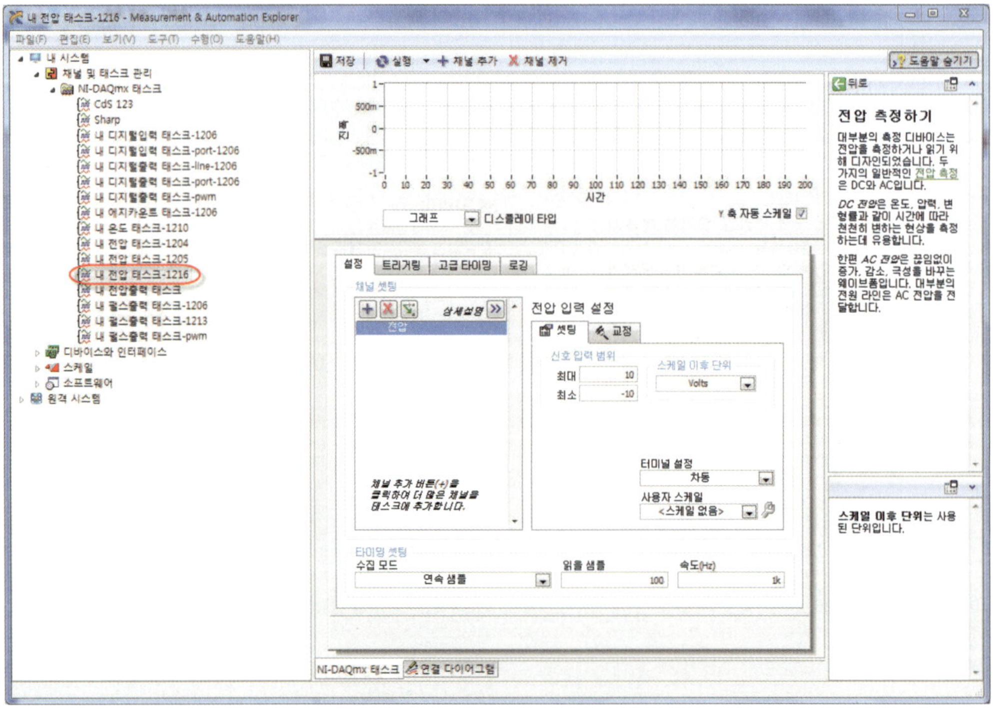

그림 8.9 태스크 채널 확인 및 변경

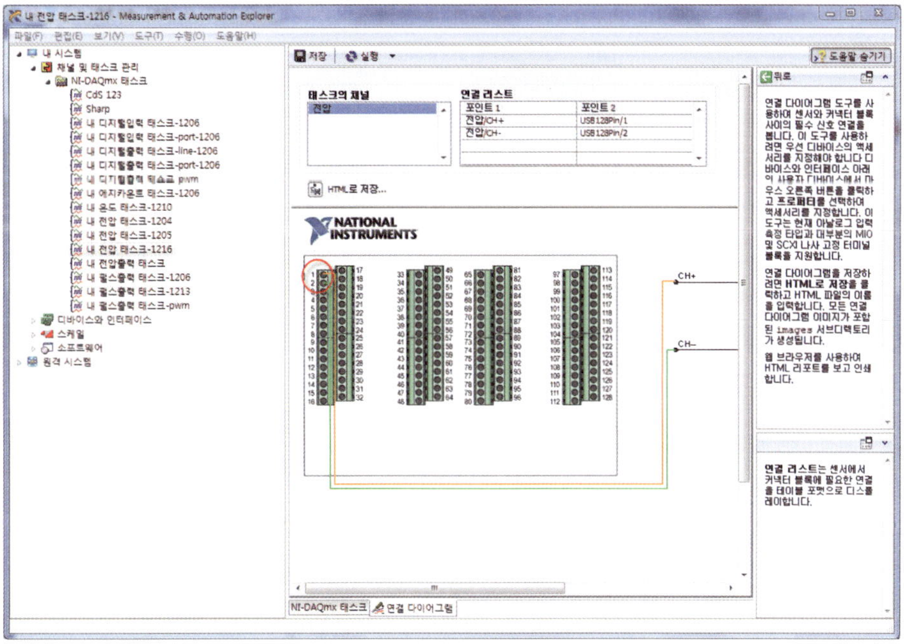

그림 8.10 연결 다이어그램

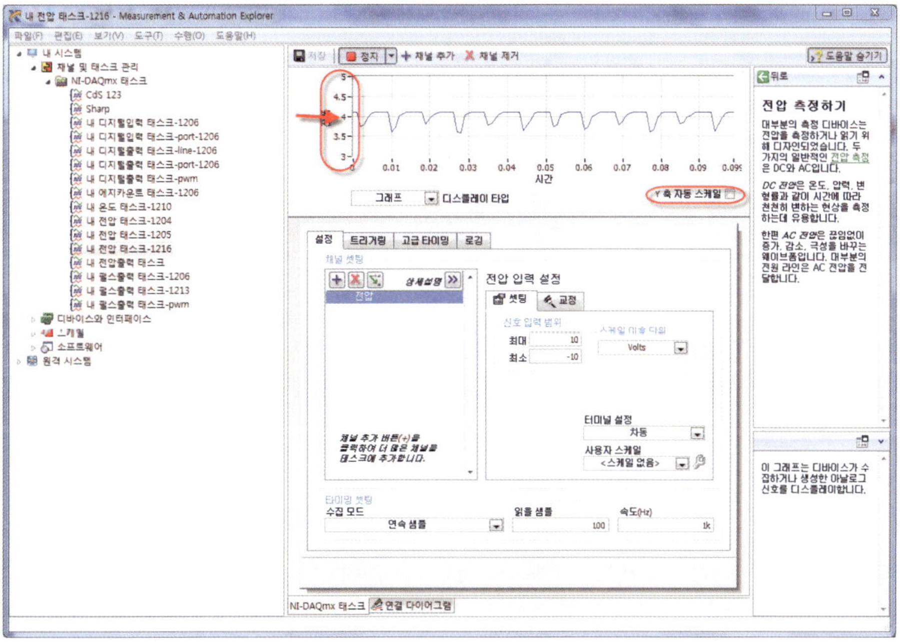

그림 8.11 밝을 때 CdS 전압 출력

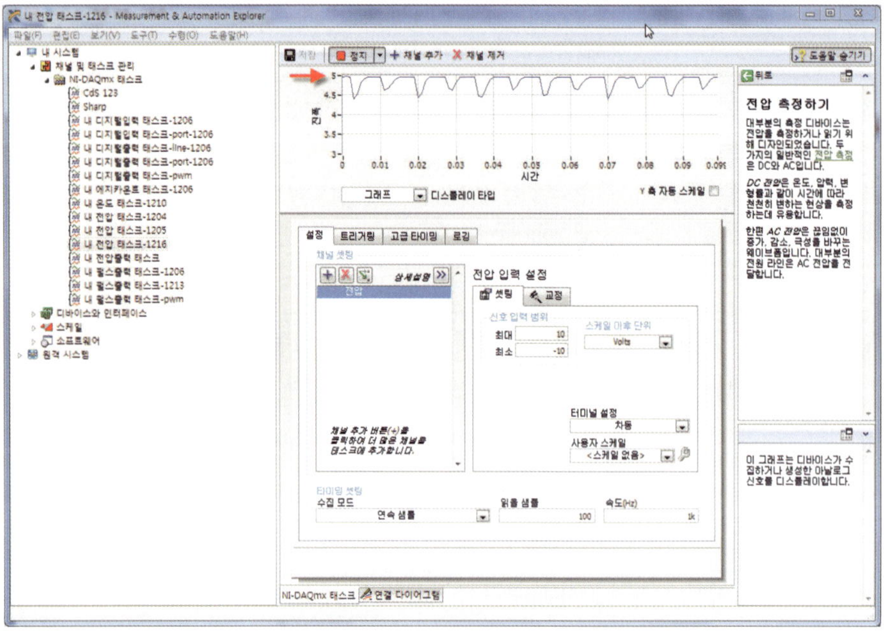

그림 8.12 어두울 때 CdS 전압 출력

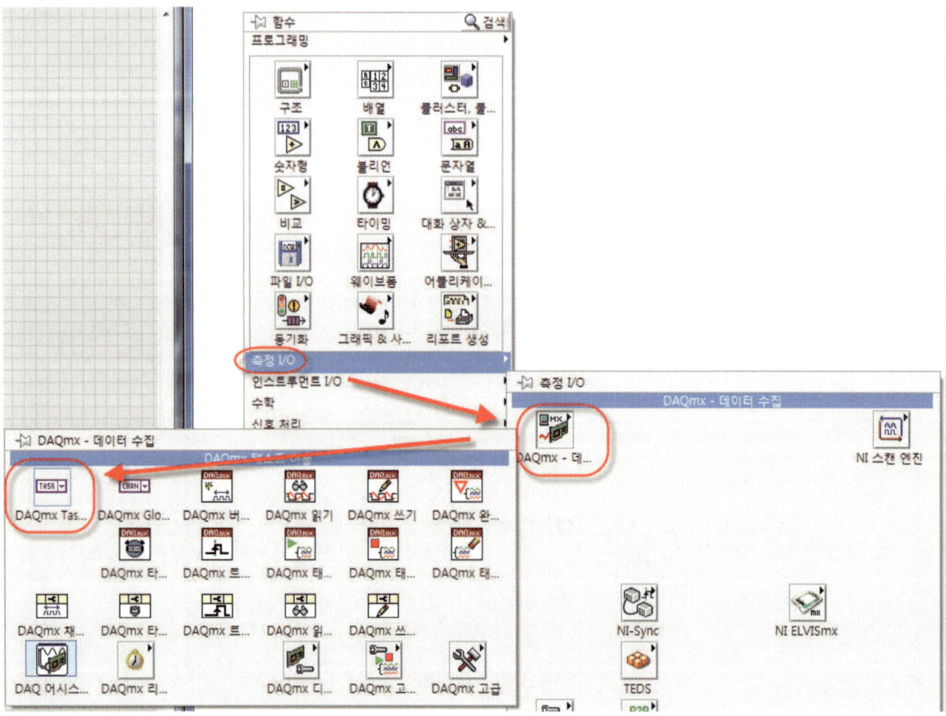

그림 8.13 DAQmx 태스크 이름

그림 8.14 태스크 선정

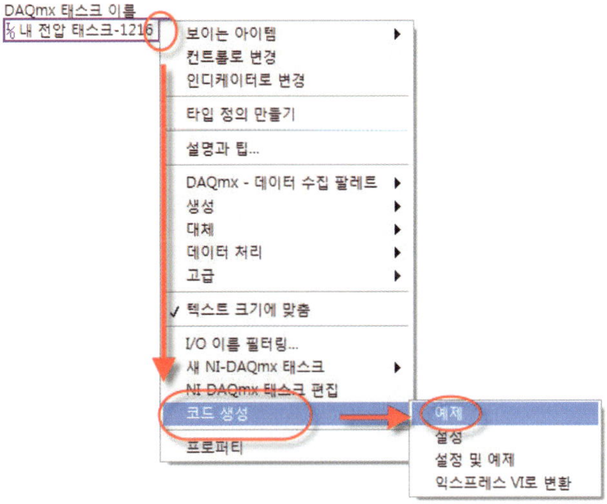

그림 8.15 코드 생성

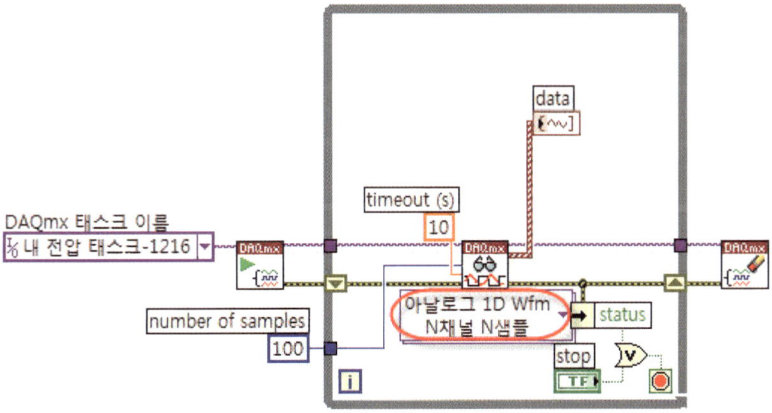

그림 8.16 자동생성된 블록 다이어그램

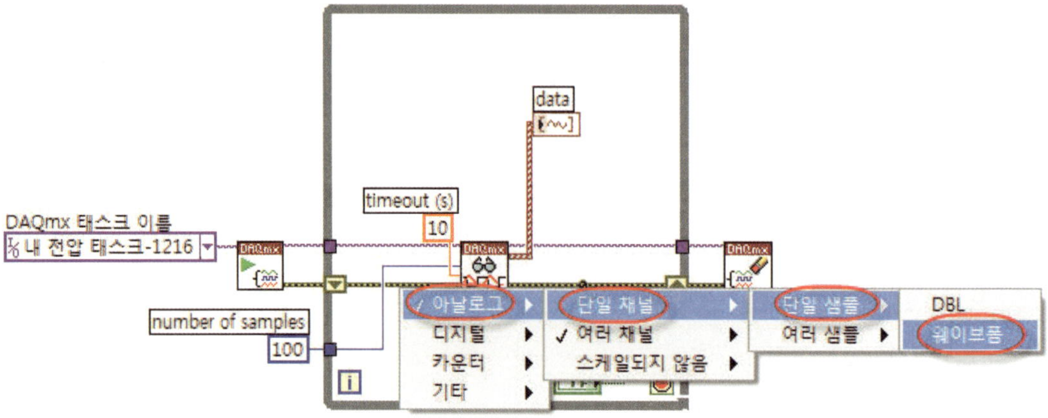

그림 8.17 아나로그 채널 재설정

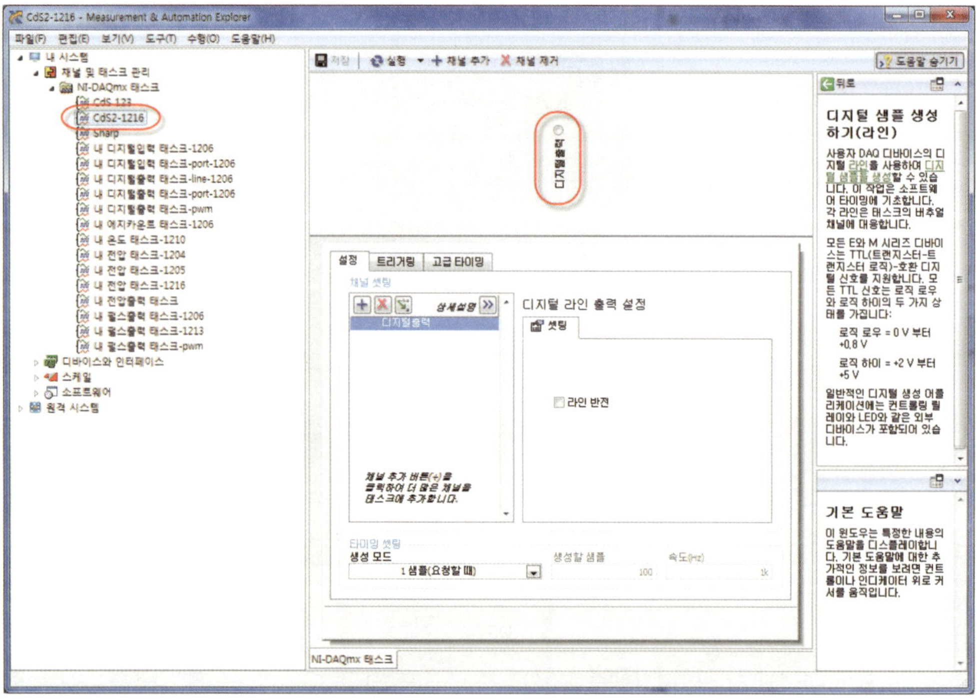

그림 8.18 태스크 확인

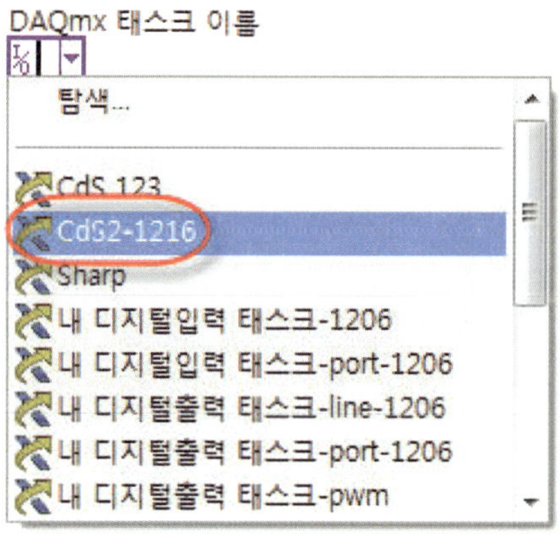

그림 8.19 태스크 선정

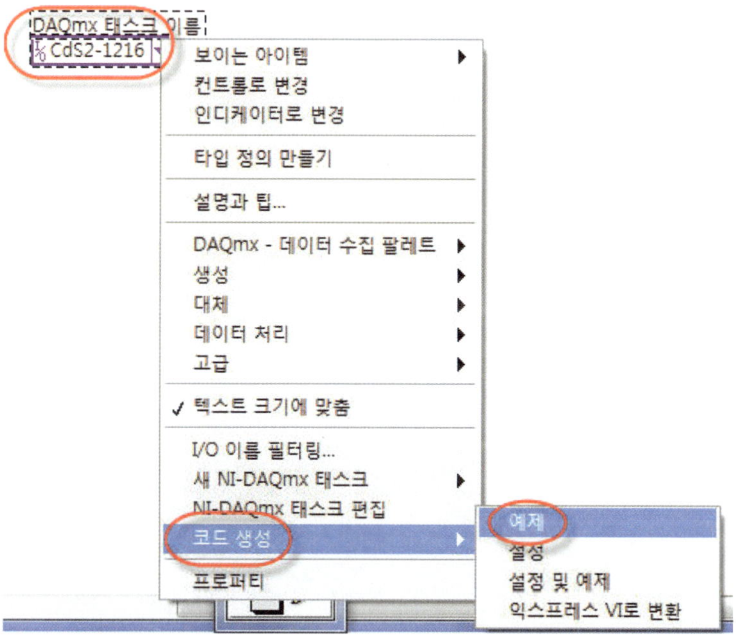

그림 8.20 코드 생성

이미 생성된 코드에 방금 생성한 코드를 합하면 아래와 같이 된다.

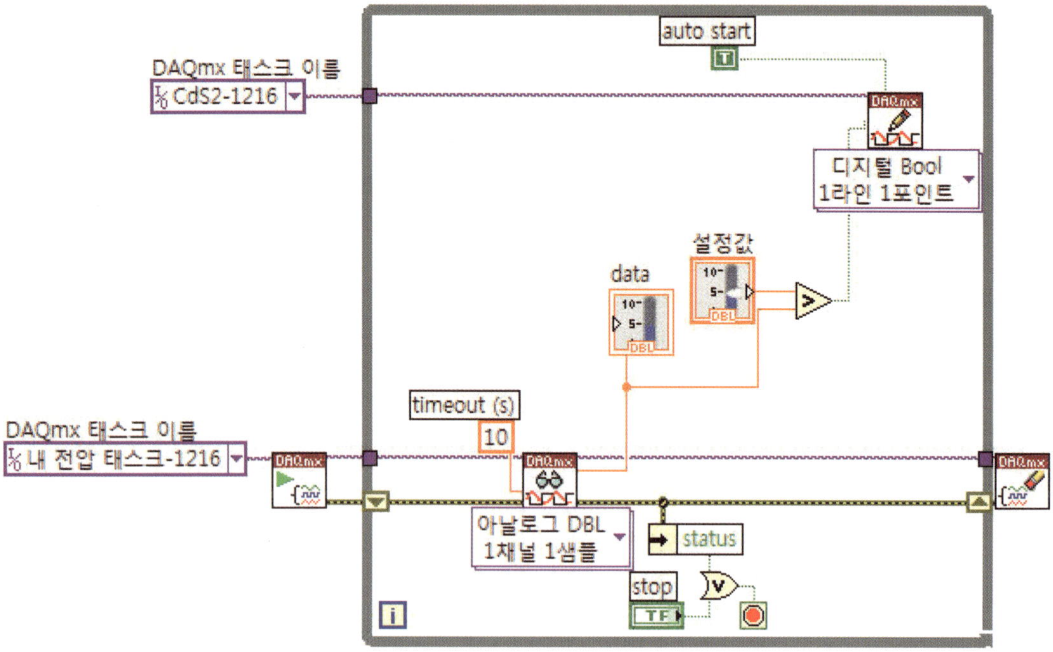

그림 8.21 블록 다이어그램 수정

8.10 프로그램 완성

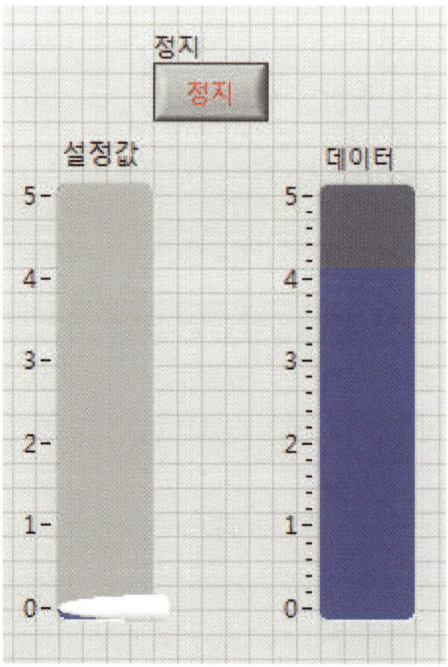

그림 8.22 완성된 프런트 패널

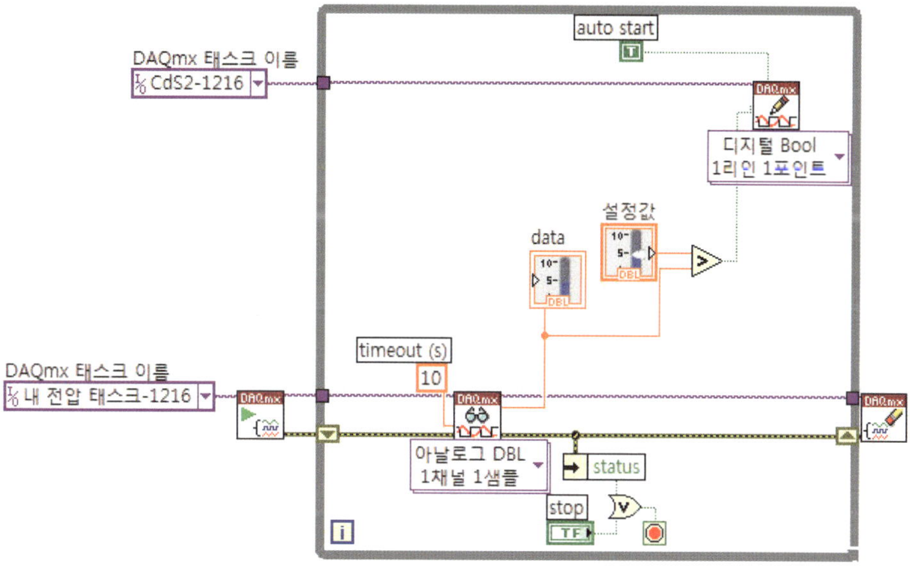

그림 8.23 완성된 블록 다이어그램

연습문제

A. CdS센서의 기본 원리를 설명하여라.

B. 위의 예제를 사용하여 실내의 조명 변화에 따른 저항 변화 정도를 다음 표를 이용하여 측정하여라.

조명		전압 변화	
실내 조명	off시		
	on 시		
휴대폰 조명	10cm 떨어져 비출 때		
	20cm 떨어져 비출 때		
	30cm 떨어져 비출 때		

C. 위의 예제를 사용하여 해가 뜨면 알람이 울리는 장치를 프로그램 하여라.

Thermistor를 이용한 온도 측정 시스템 9

9.1 개요

온도변화에 따른 저항변화를 감지하여 온도 측정

9.2 사용센서

thermistor (NTC-103F397)

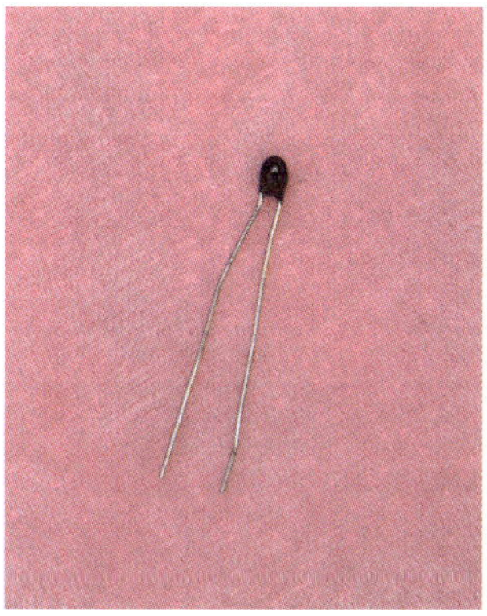

그림 9.1 Thermistor(NTC-103F397)

9.3 동작원리

thermistor는 온도 변화에 따라 저항이 달라지는 원리를 활용한다. thermistor는 온도변화에 따라 저항이 증가하는 positive temperature cofficient(PTC) type과 감소하는 negative temperature coefficient(NTC) 가 있고 NTC 중에도 특정온도 영역에서 급격하게 떨어지는 critical temperature resistor(CTR)이 있다.

9.4 목적

thermistor 센서의 동작 원리와 사용방법을 숙지하며 온도의 차이에 따라 달라지는 저항의 변화를 측정하고 챠트로 그린다.

Thermistor는 온도가 변화하면 저항이 변화되는 센서이다. 본 예제에서 사용한 Thermistor는 NTC(Negative Temperature Coefficient) type으로서 온도가 올라가면 저항이 감소한다. 주어진 온도 대 저항의 표에서 대표 추세선을 구해 수식을 만들어 저항과 온도와의 관계식을 만든 뒤 LabVIEW를 사용해 프로그램을 완성한다.

9.5 실험 사항

온도 차이에 따라 저항변화 현상 확인.

9.6 소요 장비 및 센서 리스트

장비 리스트	수량	비고
Thermistor(NTC type, NTC-103F397)	1	
NI USB-6343	1	

9.7 프로그램 시 구현할 기능

핵심 기능	고려할 사항
저항변화를 구하기 위해 전압측정	NI USB-6343 의 Analog input 기능을 이용하되 온도변화에 따라 달라지는 저항의 변화를 모니터링하고 온도로 환산한다.

9.8 센서 연결

전압 강압을 위한 저항은 서미스터가 기준저항이 10kΩ이므로 10kΩ을 사용하면 된다.

Analog Input	
sensor +	AI0
sensor -	AI8

그림 9.2 센서 연결

그림 9.3 결선도

9.9 프로그램 작성

- LabVIEW 이용 기능

  Analog input, 온도측정, 챠트 그리기

9.10 추세선을 이용한 온도환산

주어진 데이터로부터 엑셀로 표를 다음과 같이 만든다.

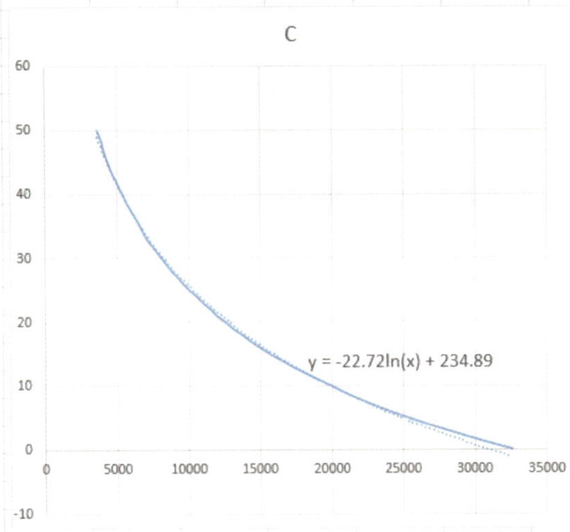

NTC-103F397

Ohm	deg C	Ohm	deg C	Ohm	deg C
32600	0	13676.85	18	6270.22	36
30984.76	1	13068.07	19	6018.46	37
29458.82	2	12489.76	20	5778.16	38
28016.78	3	11940.26	21	5548.75	39
26653.58	4	11417.97	22	5329.67	40
25364.49	5	10921.42	23	5120.41	41
24145.1	6	10449.2	24	4920.48	42
22991.27	7	10000	25	4729.42	43
21899.14	8	9572.58	26	4546.79	44
20865.08	9	9175.77	27	4372.18	45
19885.7	10	8778.48	28	4205.21	46
18957.83	11	8409.67	29	4045.48	47
18078.49	12	8058.36	30	3892.67	48
17244.89	13	7723.64	31	3746.43	49
16454.4	14	7404.65	32	3606.45	50
15704.59	15	7100.56	33		
14993.15	16	6810.6	34		
14317.91	17	6534.05	35		

그림 9.4 NTC-103F397 Thermistor 온도 특성 곡선과 추세선

추세선은 다음과 같이 Excel을 사용하여 구한다.

그림 9.5 삽입 - 챠트

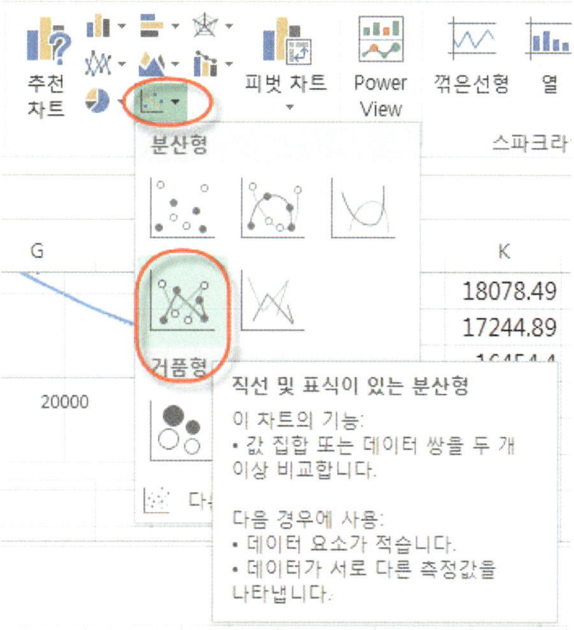

그림 9.6 분산형

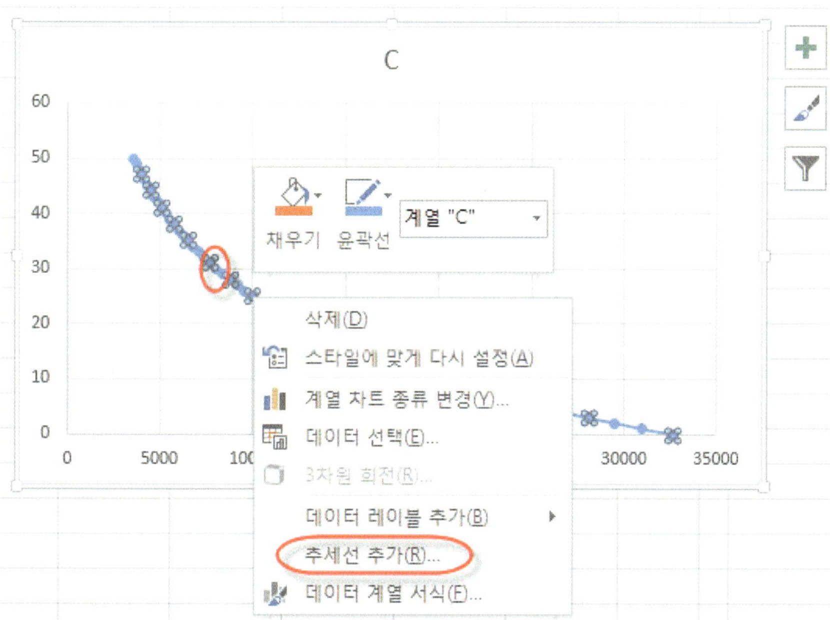

그림 9.7 추세선 추가

그림 9.8 추세선 서식

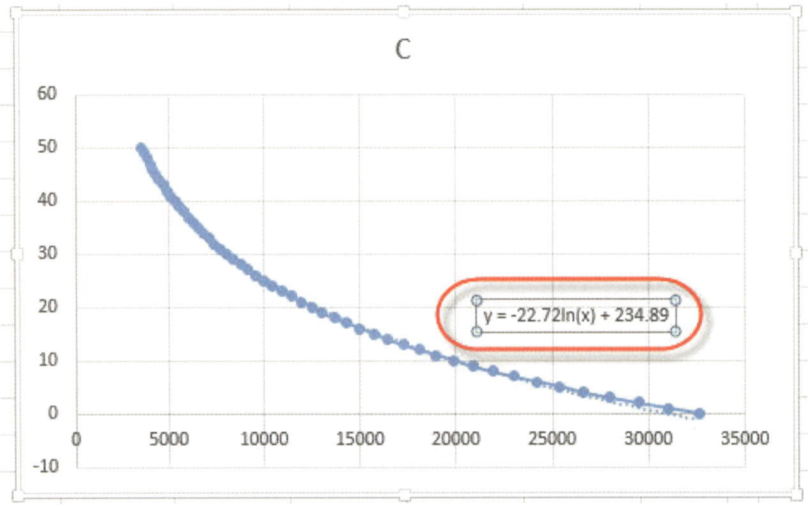

그림 9.9 추세선

전압을 측정하여 저항으로 환산하기 위해서는 다음과 같이 전압분배회로를 사용한다.

아래 그림에서 R_2는 Thermistor과 같이 온도변화에 따라 저항이 변화되는 센서를 말한다. 그림과 같이 2개의 저항$(R_1 + R_2)$를 통해 흐르는 전류가 i라면 전체 입력 전압은 V_i가 된다.

반면에 아래 저항 R_2에 흐르는 전압은 직렬회로이므로 동일한 전류(i)가 흐르는데 V_o는 $i * R_2$가 된다. 두식을 사용하여 두 저항 사이에 걸리는 전압을 확인하면 R_1과 R_2 저항의 크기에 비례한 전압이 R_1과 R_2 양단에 걸림을 알 수 있다.

따라서 저항R_2의 변화는 V_i 와 V_o를 알면 쉽게 구할 수 있다.

여기서 고정저항인 R_1은 보통 R_2센서의 상온에서의 저항과 거의 같은 값을 사용하면 좋다. Thermistor가 상온에서 1kΩ 정도라면 R_1도 약 1kΩ 의 저항을 사용한다.

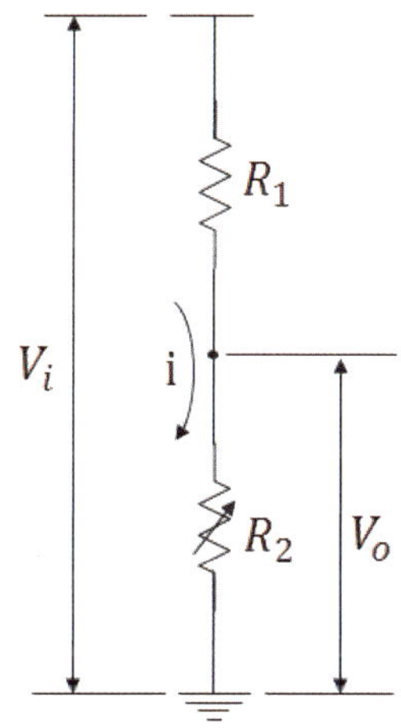

그림 9.10 전위차계 회로

$$R_{total} = R_1 + R_2$$

$$V_i = i\,R_{total}$$

$$= i(R_1 + R_2)$$

$$V_o = i\,R_2$$

$$\frac{V_o}{V_i} = \frac{R_2}{(R_1 + R_2)}$$

$$V_o(R_1 + R_2) = V_i R_2$$

$$V_o R_1 = R_2(V_i - V_o)$$

$$R_2 = \frac{V_o}{(V_i - V_o)} R_1$$

이상과 같은 방식으로 전압을 측정하여 저항으로 환산한다.

9.11 프로그램

Thermistor는 온도변화에 따라 저항이 변화하므로 전위차계 회로 등을 사용하여 저항의 변화를 전압의 변화로 변환하여 측정하고 다시 프로그램으로 저항값을 구한 뒤 특성표를 사용하여 온도를 구한다.

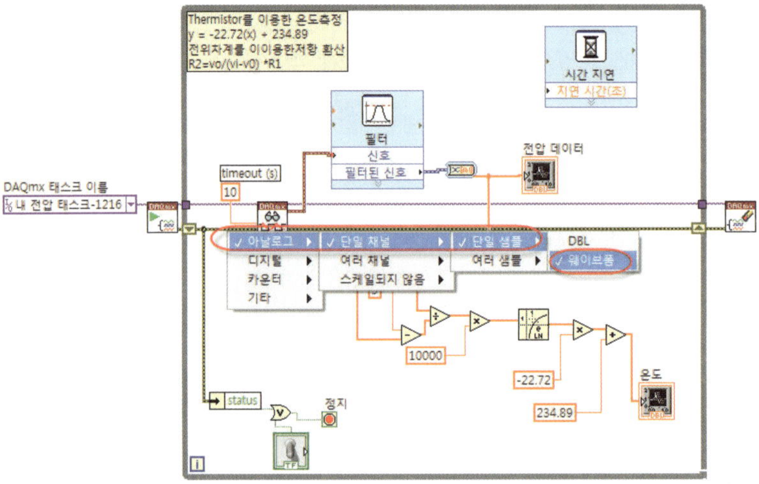

그림 9.11 아나로그 채널 설정 변경

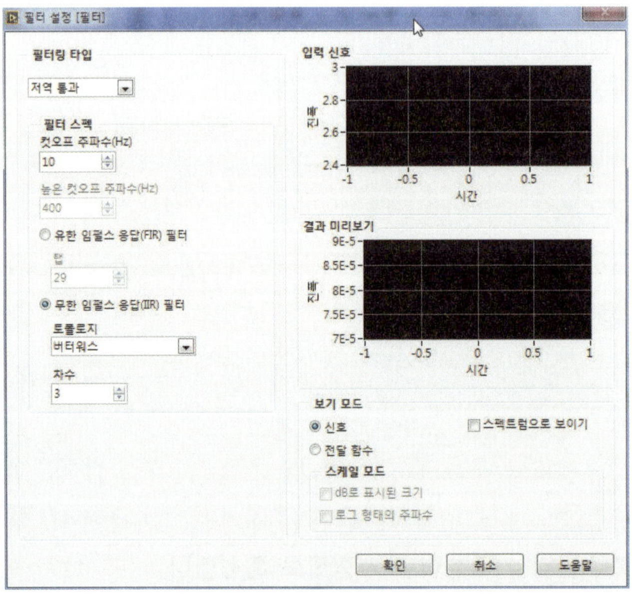

그림 9.12 필터 설정

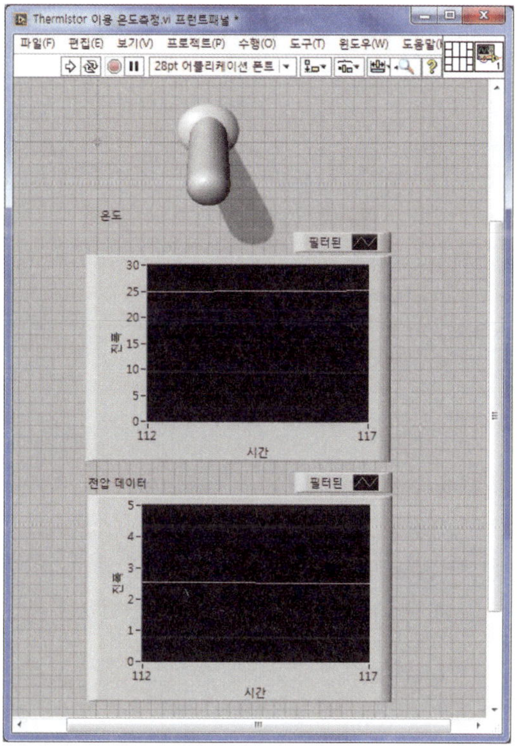

그림 9.13 완성된 프런트 패널

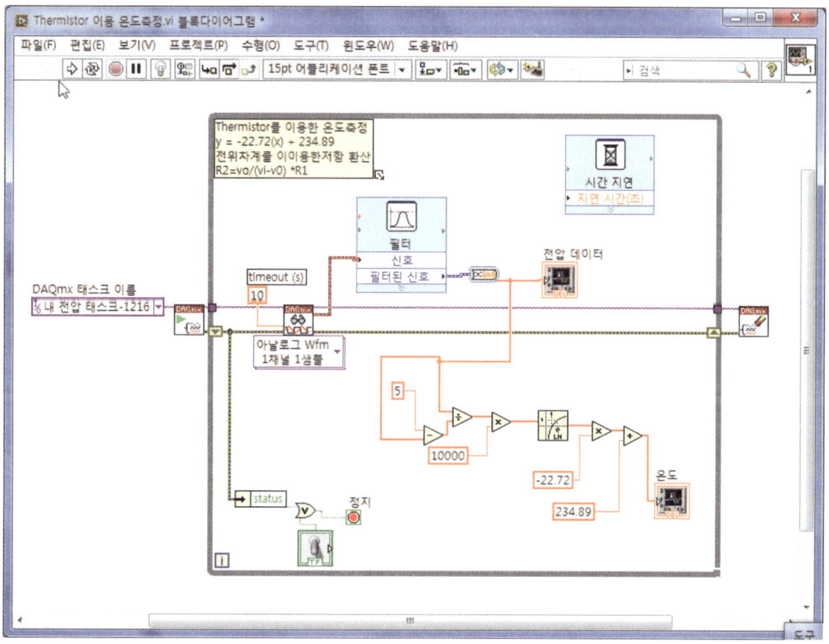

그림 9.14 완성된 블록 다이어그램

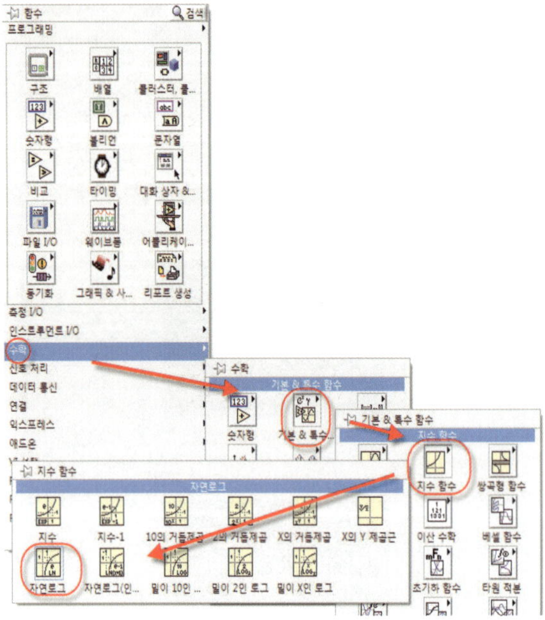

그림 9.15 자연 로그

연습문제

A. Thermistor의 원리를 설명하여라

B. Thermistor에는 PTC(Positive Temperature Coefficient), NTC(Negative Temperature Coefficient), CTR(Critical Temperature Resistor)등 3가지 type이 있다. 이에 대한 설명을 하여라.

C. 앞장에서 언급한 Thermocouple과 여기서 언급한 Thermistor를 이용한 프로그램을 이용하여 실내온도의 정확도를 비교하여라.

RTD를 이용한 온도 측정 시스템

10

10.1 개요

온도측정 센서의 일종인 PT-100Ω을 이용하여 실내 온도를 측정하고 그래프를 그리도록 한다.

10.2 사용센서: RTD (Pt100)

그림 10.1 RTD (PT100)

10.3 동작원리

PT-100Ω은 RTD(Resistance Temperature Detector)의 일종으로 기부 소재는 Pt(백금)이다. 백금은 온도가 증가함에 따라 증가하는 저항이 비교적 일정하기 때문에 정밀한 온도를 측정하는데 자주 사용된다. 대부분이 100Ω이지만 200Ω, 1000Ω도 사용된다. 주어진 온도 대 저항의 표에서 대표 추세선을 구해 수식을 만들어 저항과 온도와의 관계식을 만든 뒤 LabVIEW를 사용해 프로그램을 완성한다.

10.4 목적

Pt-100Ω 센서의 동작 원리와 사용방법을 숙지하며 온도의 차이에 따라 달라지는 저항의 변화를 측정하고 챠트로 그리므로 Pt-100Ω의 사용방법과 온도변화에 따른 물리적 거동변화를 확인한다.

10.5 실험 사항

온도 차이에 따라 저항변화 확인

10.6 소요 장비 및 센서 리스트

장비 리스트	수량	비고
Pt-100	1	
NI USB-6343	1	

10.7 프로그램 시 구현할 기능

핵심 기능	고려해야 할 사항
자항변화 측정	NI USB-6343 의 Analog input 기능을 이용하되 온도변화에 따라 달라지는 저항의 변화를 모니터링하고 온도로 환산한다.

10.8 센서 연결

Pt-100은 2선식과 3선식이 있는데 3선식의 경우는 전공 시 발생하는 노이즈를 줄이기 위해 사용하는 방식으로서 같은 색의 선은 함께 한곳에 연결하여 사용하면 된다.

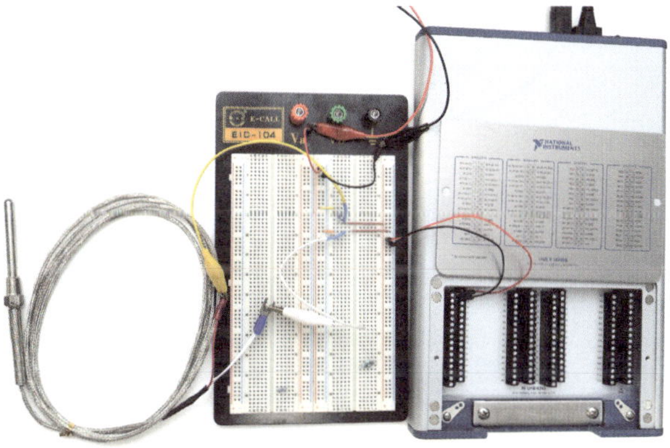

그림 10.2 결선

Analog Input	
sensor +	AI0
sensor -	AI8

그림 10.3 전압 강압용 저항 100Ω

10.9 프로그램 작성

- LabVIEW 이용 기능

  Analog input, 온도측정, 챠트 그리기

- 추세선

  주어진 데이터로부터 엑셀로 표를 다음과 같이 만든다.

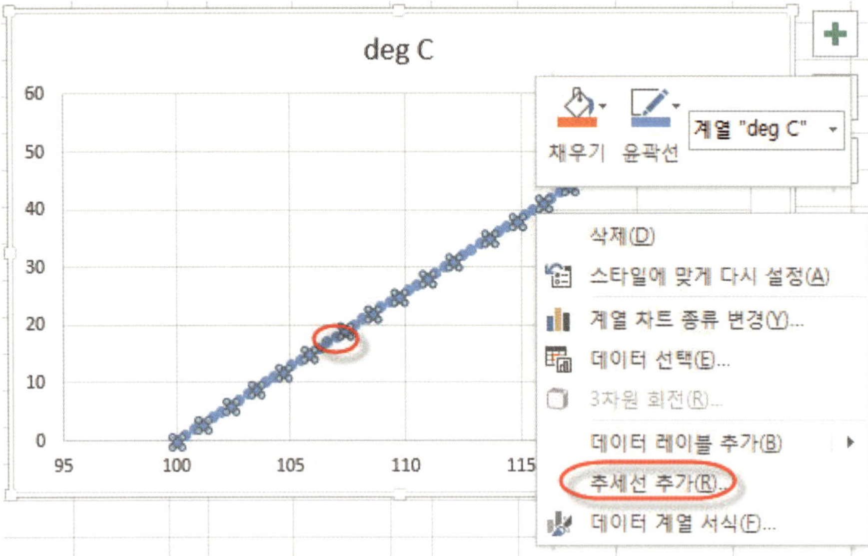

그림 10.4 추세선 추가

PT100					
Ohm	deg C	Ohm	deg C	Ohm	deg C
100	0	107.02	18	114	36
100.39	1	107.4	19	114.38	37
100.78	2	107.79	20	114.77	38
101.17	3	108.18	21	115.15	39
101.56	4	108.57	22	115.54	40
101.95	5	108.96	23	115.93	41
102.34	6	109.35	24	116.31	42
102.73	7	109.73	25	116.7	43
103.12	8	110.12	26	117.08	44
103.51	9	110.51	27	117.47	45
103.9	10	110.9	28	117.86	46
104.29	11	111.29	29	118.24	47
104.68	12	111.67	30	118.63	48
105.07	13	112.06	31	119.01	49
105.46	14	112.45	32	119.4	50
105.85	15	112.83	33		
106.24	16	113.22	34		
106.63	17	113.61	35		

그림 10.5 저항 대 온도 특성

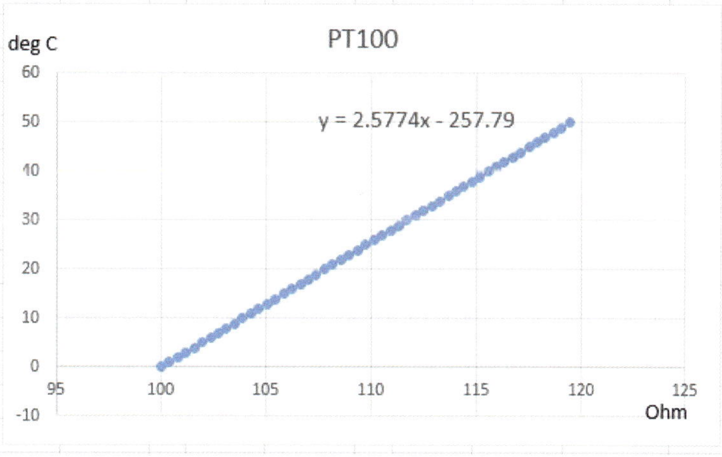

그림 10.6 추세선 방정식

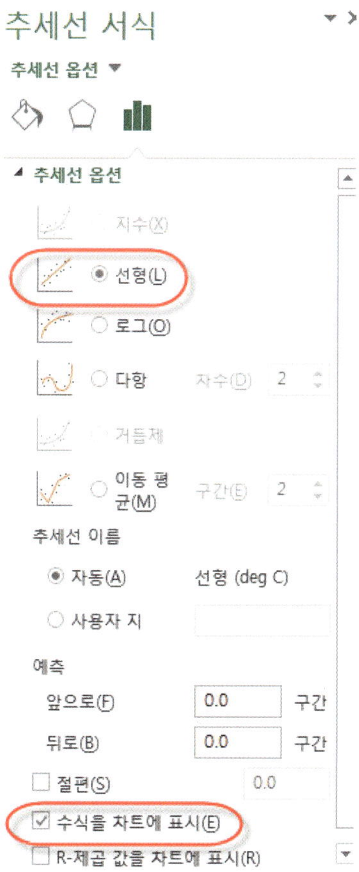

그림 10.7 추세선 옵션

$$y = 2.5744x - 257.79 \ : \quad \text{추세선 방정식}$$

위 그림과 같이 추세선을 구한 뒤 LabVIEW로 프로그램한다.

- 온도 환산

LabVIEW의 Analog In을 사용하여 전압으로 측정한 후 저항으로 변환하고 추세선 방정식을 이용하여 다시 온도로 계산한다.

추세선 방정식은 $y = 2.5744x - 257.79$를 활용한다.

10.10 프로그램 완성

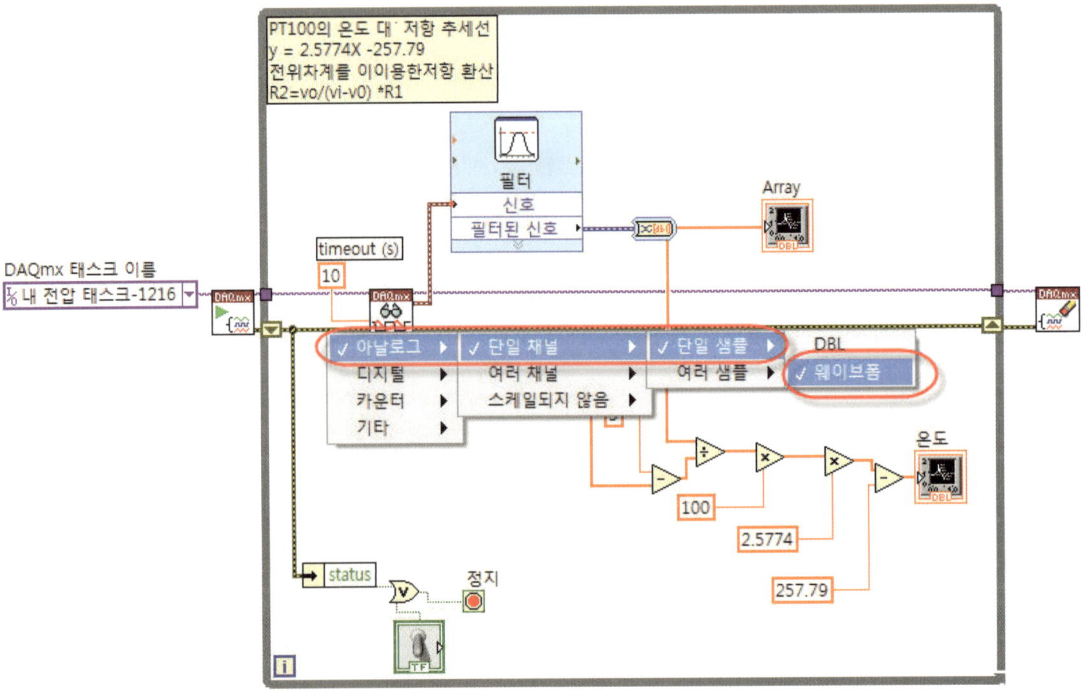

그림 10.8 채널 설정 변경

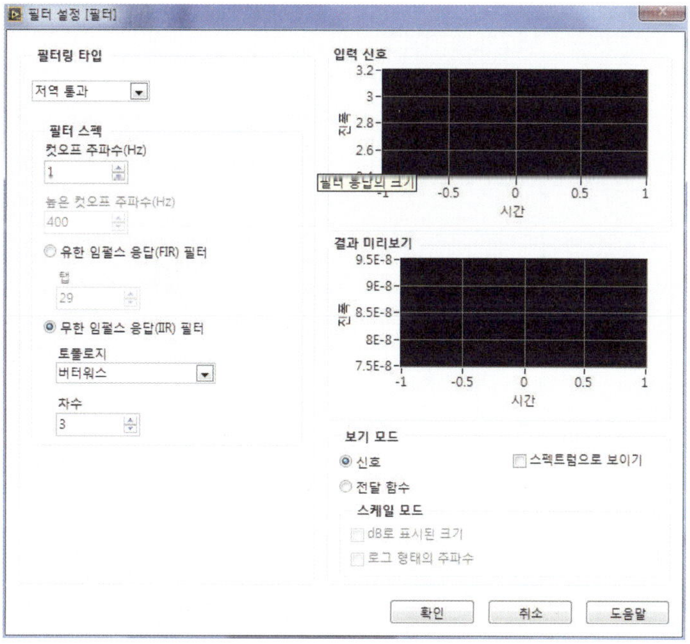

그림 10.9 필터 설정

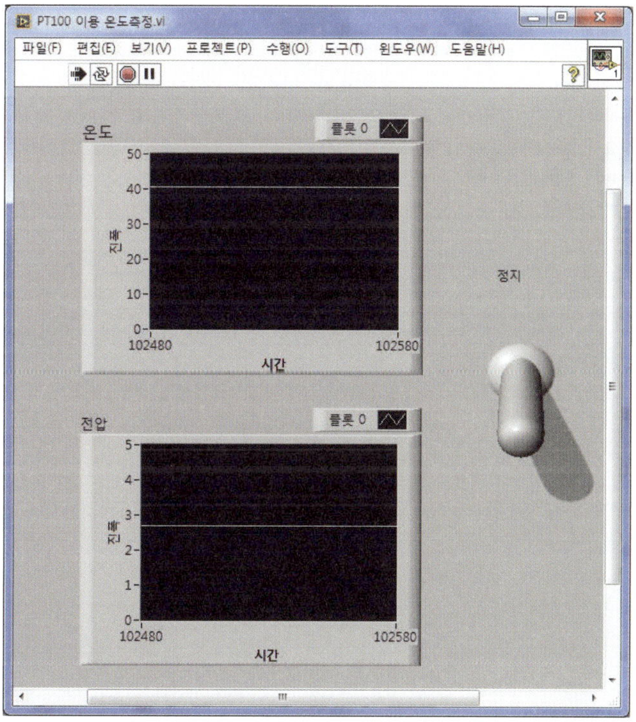

그림 10.10 완성된 프런트 패널

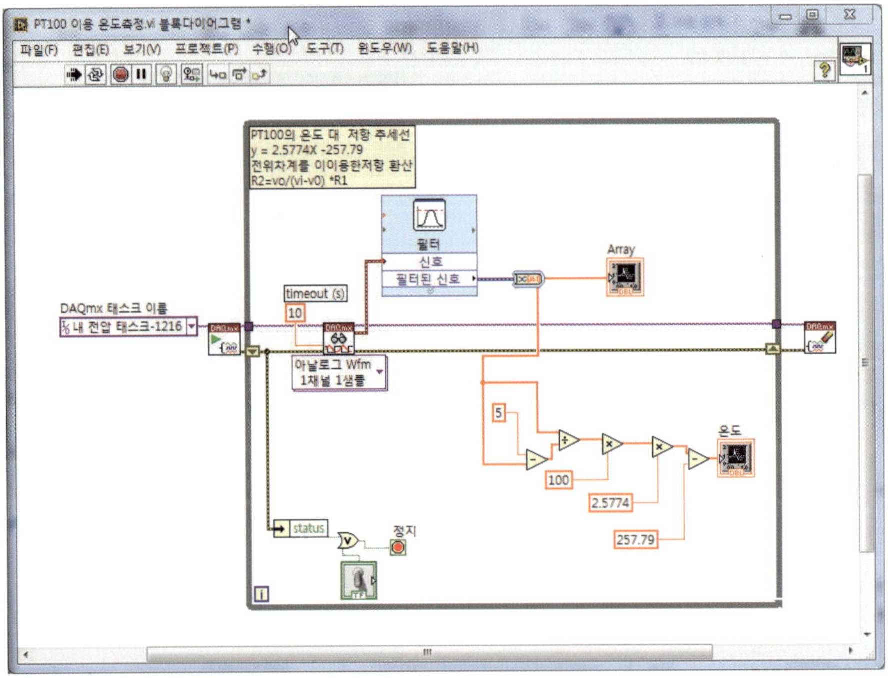

그림 10.11 완성된 블록 다이어그램

연습문제

A. Pt-100Ω의 프로그램을 활용하여 알코올 온도계와 비교하여 온도 추세선으로 구한 방식이 얼마나 정확한지 검증하여라.

알코올 온도계(℃) (A)	Pt-100Ω (B)	오차율(B/A)*100
10		
20		
30		
40		
50		

B. Pt-100Ω을 이용하여 물의 온도를 일정하게 유지하는 보온 장치를 구성하여라. 설정한 온도 이하로 떨어지면 가열하고 이상으로 올라가면 가열을 멈춰 자연 냉각이 되도록 한다.

11 Photo interrupter 활용

11.1 사용 센서

Photo interrupter (한영넉스 PU-50 photo switch)

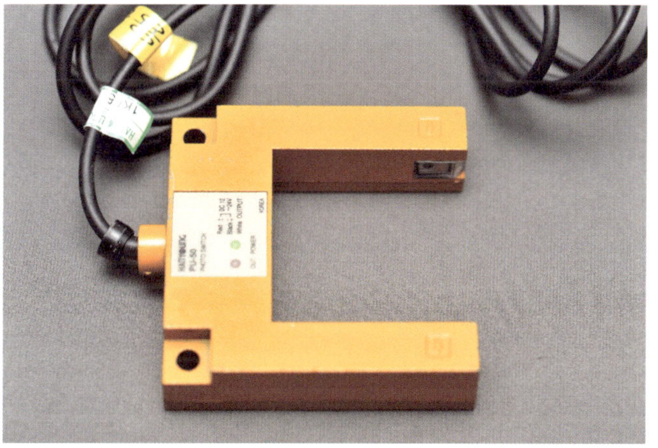

그림 11.1 Photo switch

11.2 동작원리

photo interrupter는 서로 마주 보도록 적외선 LED와 Photo diode를 배치한 것이다. 장애물이 둘 사이를 차단하면 신호가 발생하는 센서이다.

LED는 PN접합에 주입된 전자와 정공이 재결합하는 과정에서 발생하는 빛을 이용하는 것이고, Photo diode는 광기전력효과를 이용한 소자로서 PN접합부 사이에 빛이 비추이면 P쪽으로는 정공이 모이고, N쪽으로는 전자가 모여 분극이 된다. 이로 인해 광기전력이 발생하는 원리이다. 이를 광기전력효과(Photovoltaic effect)라 한다.

11.3 목적

photo interrupter 센서의 동작 원리와 사용방법을 숙지하며 빛의 차단에 따라 물체의 접근 여부를 판단하는 방법을 숙지한다.

11.4 실험 사항

발광부와 수광부 사이의 빛 차단에 따른 신호발생여부 확인

11.5 소요 장비 및 센서 리스트

장비 리스트	수량	비고
photo interrupter 센서	1	
NI USB-6343	1	

11.6 프로그램 시 구현할 기능

핵심 기능	고려할 사항
발, 수광부 사이의 빛 차단 확인	NI USB-6343 의 Digital input 기능을 이용하되 빛 차단에 따라 달라지는 photo diode의 기전력 변화에 따른 신호발생을 모니터링한다. 일반적인 자동화용 센서의 출력은 12V 또는 24V이므로 NI H/W에 맞도록 5V로 강압시켜야 한다.

11.7 전압 강압

LabVIEW 에서 사용하는 아나로그 입출력 전압을 ±10V이내이므로 일반적으로 자동화용으로 사용되는 센서들의 구동 및 출력 전압인 +12 ~ 24V는 직접 DAQ 보드에 입력해서는 안된다.

따라서 ±12V, ±24V는 아나로그의 경우 ±10V 이내로, 디지털의 경우는 +5V로 강압해야 한다.

예제

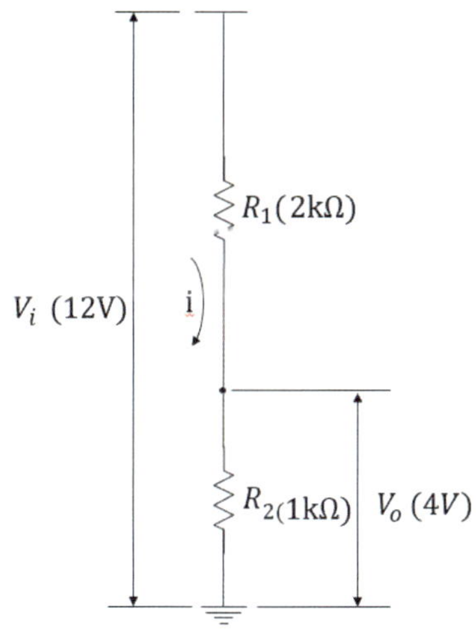

그림 11.2 전위차계 회로

위와 같이 만약 R_1이 2kΩ이 되고 R_2가 1kΩ일 경우 R_2에 걸리는 전압은 2:1이 되어 12V가 3등분된 4V가 된다.

$$i = \frac{12}{3}(A)$$

$$= 4\ (A)$$

따라서 R_3에 걸리는 전압은 다음과 같이 4V가 됨을 알 수 있다.

$$V = R_3 \times i$$

$$= 1\ (k\Omega) \times 4(A)$$

$$= 4(V)$$

이와 같이 전압을 분배하여 강압 시킬 수가 있다.

11.8 센서 연결

그림 11.3 결선 방법

Digital Input	
sensor +	P0.0
sensor -	DGND

그림 11.4 결선

11.9 동작 설명

그림 11.5 장애물이 없을 경우

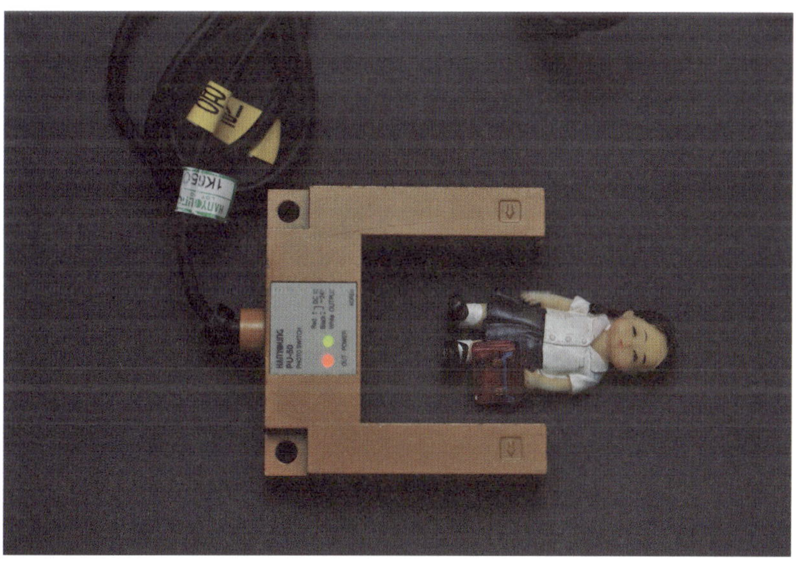

그림 11.6 장애물이 있을 경우 Red LED 점등

11.10 프로그램 작성

- LabVIEW 이용 기능

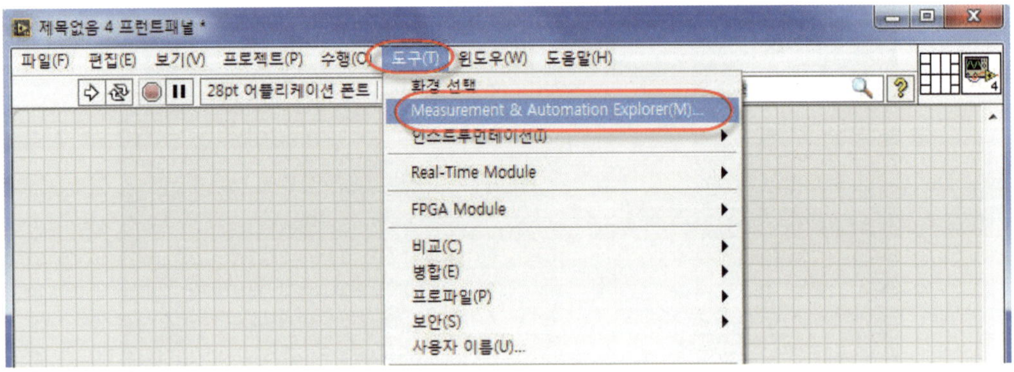

그림 11.7 MAX

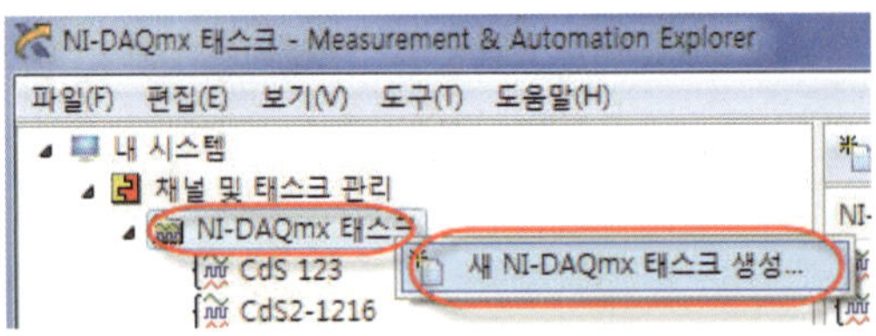

그림 11.8 새 NI-DAQmx 태스크 생성

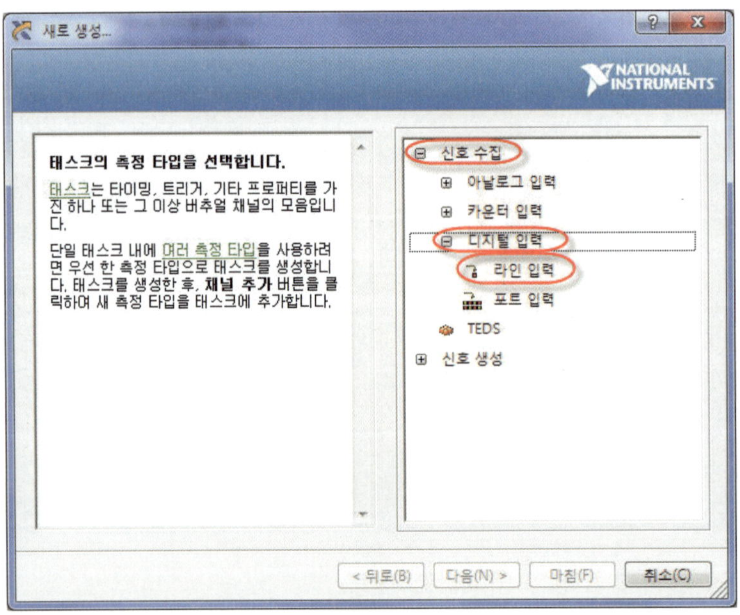

그림 11.9 신호수집 - 디지털 입력 - 라인입력

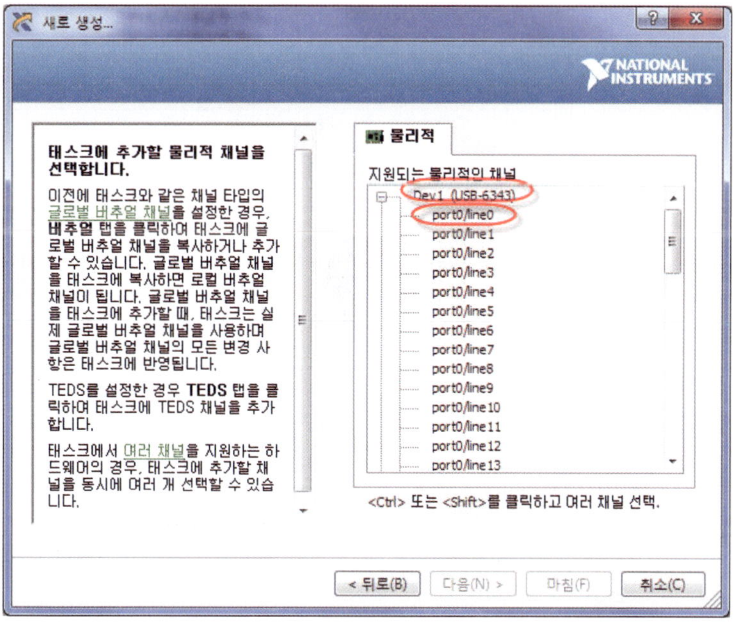

그림 11.10 물리적 채널 설정

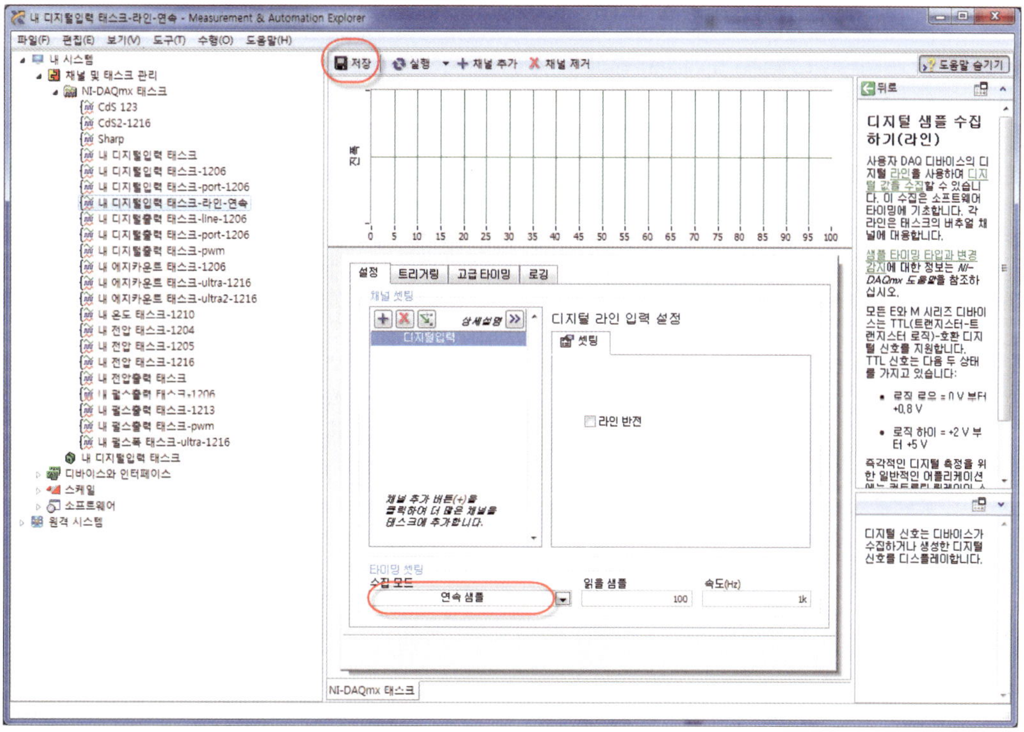

그림 11.11 연속 샘플 - 저장

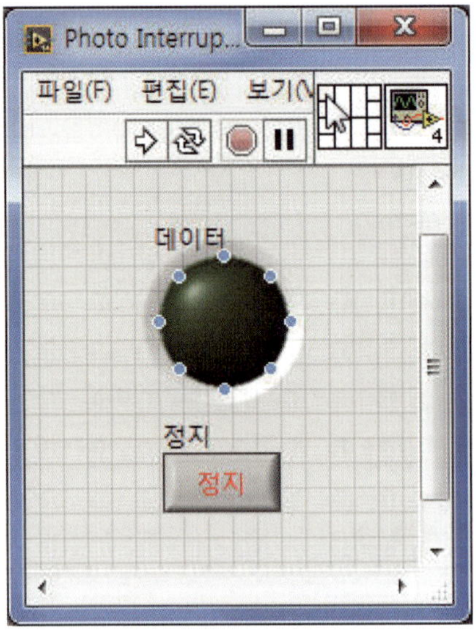

그림 11.12 프런트 패널

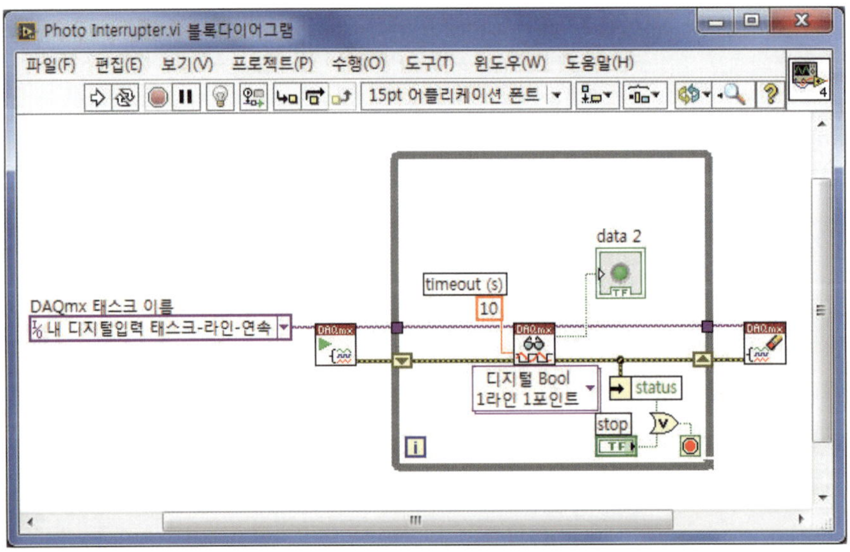

그림 11.13 블록 다이어그램

연습문제

A. 위의 센서에서 수광부인 Photo diode의 원리를 설명하여라.

B. 위의 예제를 사용하여 휴대폰 조명이나 플래쉬를 이용하여 수광부에 빛을 비출 때 물체 감지에 영향을 미치는지 확인하라. 만약 빛을 비추어도 감지하는 데 영향을 미치지 않는다면 그 이유를 구체적으로 설명하여라.

근접센서를 이용한 물체 접근 감지 장치 12

12.1 사용 센서

고주파 발진형 근접센서: 한영넉스 HYP-18S5NAF (NPN형)

그림 12.1 고주파 발진형 근접센서

12.2 원리

근접센서에는 여러 가지가 있으나 대표적으로는 고주파 발진형과 정전 용량형 두가지의 센서를 들 수 있다.

내부구조는 거의 유사하나 센싱 방식이 다르다. 고주파 발진형은 코일에 의해 발생한 자계 내에 금속과 같은 물체가 접근하면 전자 유도에 의해 와전류가 생기고 금속으로 인해 에너지 손실이 생겨 코일 내의 발진 주파수가 감쇠되거나 정지하게 되며 이를 감지하여 물체의 접근을 감지한다. 정전 용량형은 물체가 접근할 경우, 분극현상에 의해 정전용량이 커지고 멀어지면 반대가 된다. 이 변화량을 감지하여 물체의 접근을 감지는데 정전용량형의 경우, 물체의 재질에 관계없이 대부분의 물질의 접근을 감지한다.

근접센서는 2선식과 3선식이 있는데 3선식 중에는 NPN형과 PNP형 2종류가 있다. NPN형은 common이 +이고 signal이 – 이고, PNP형은 common이 -이고 signal이 + 이다.

12.3 개요

근접센서의 물체가 접근하면 High 신호가 발생하는 것을 감지하는 시스템으로서 이를 이용하면 생산현장의 물체 감지나 이동 물체의 접근을 인식한다.

12.4 소요 장비

고주파 발진형 근접센서, NI USB-6343

12.5 동작내용

근접 시 전압변화 측정

12.6 목적

근접센서의 사용법을 숙지하고 실제 자동화 현장에서 사용하는 근접센서의 사용 시 고려할 사항과 특성을 숙지한다. 특히 근접센서는 다른 종류와 달리 약 5mm 이내로 접근해야 감지하는 특성이 있다.

12.7 실험 사항

근접함에 따라 전압변화 현상 확인

12.8 소요 장비 및 센서 리스트

장비 리스트	수량	비고
근접 센서	1	한영넉스 HYP-18S5NAF
NI USB-6343	1	

12.9 프로그램 시 구현할 기능

핵심 기능	고려할 사항
전압 측정	NI USB-6343 의 전압측정 기능을 이용하되 근접한 정도에 따라 동작하는 거리를 확인하고 전압의 변화를 체크한다.

12.10 센서 결선

센서는 다음과 같이 결선한다.

Digital Input	
sensor +	P0.0
sensor -	DGND

그림 12.2 결선도

12.11 프로그램 작성

- LabVIEW 이용 기능

 전압측정, 차트

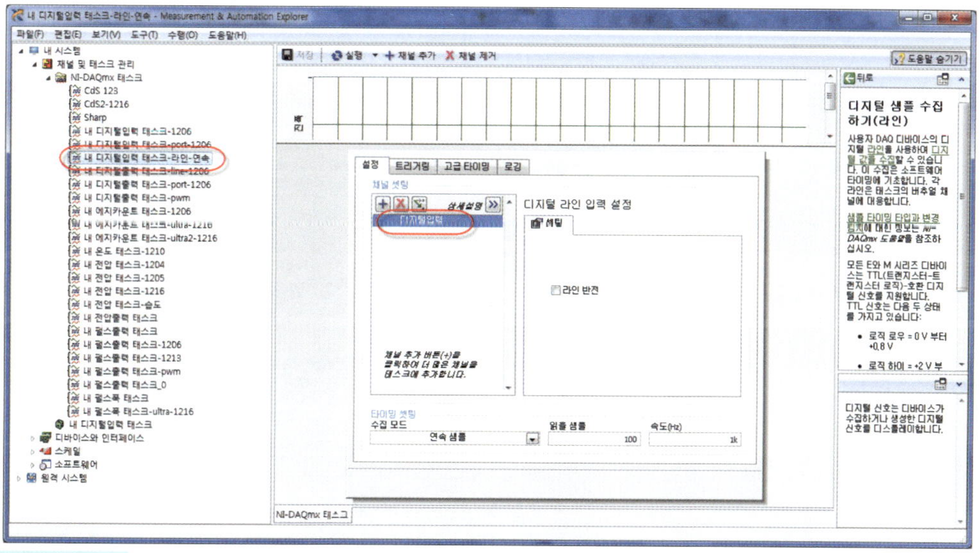

그림 12.3 채널 및 태스크 관리

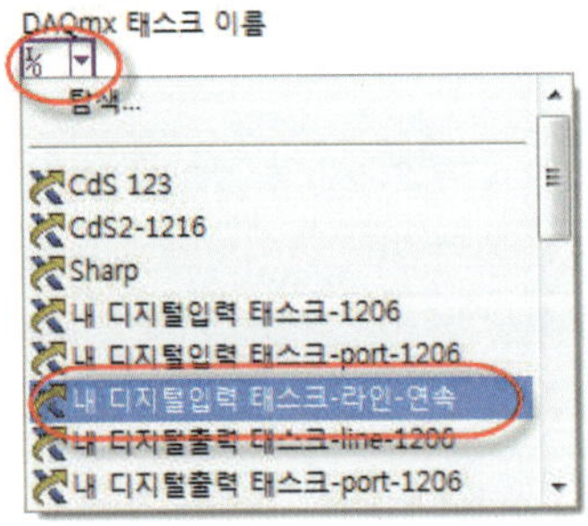

그림 12.4 태스크 선정

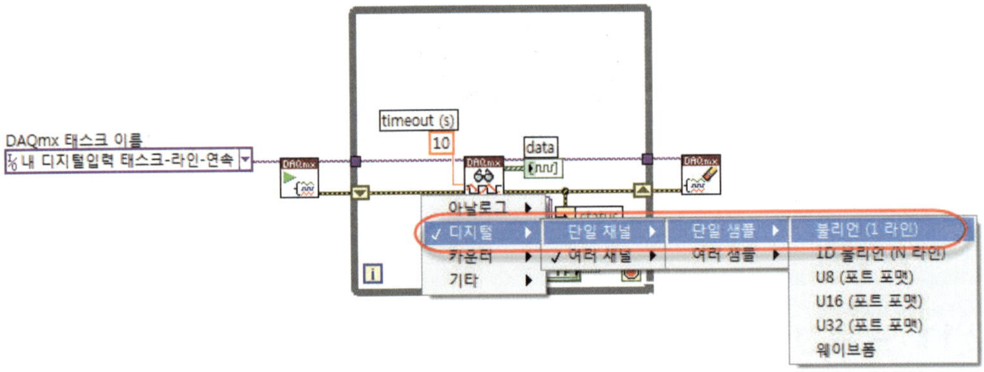

그림 12.5 코드 생성

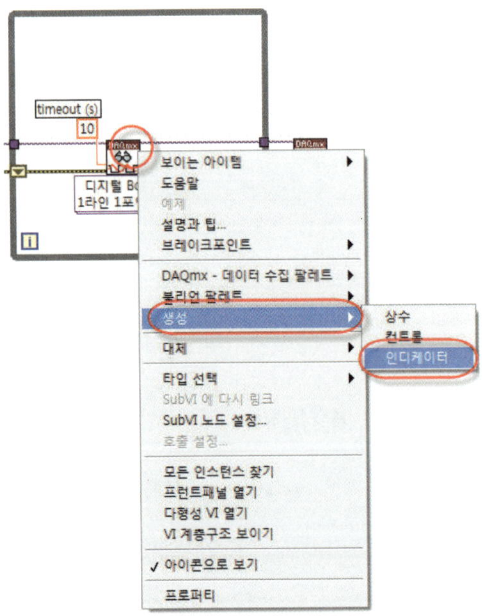

그림 12.6 생성 인디케이터

12.12 프로그램 완성

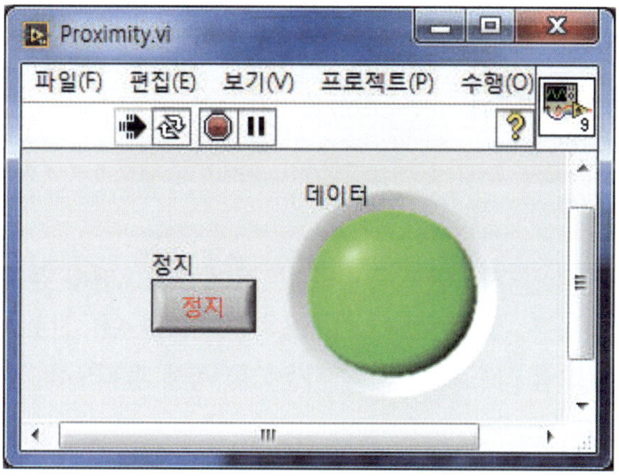

그림 12.7 완성된 프런트 패널

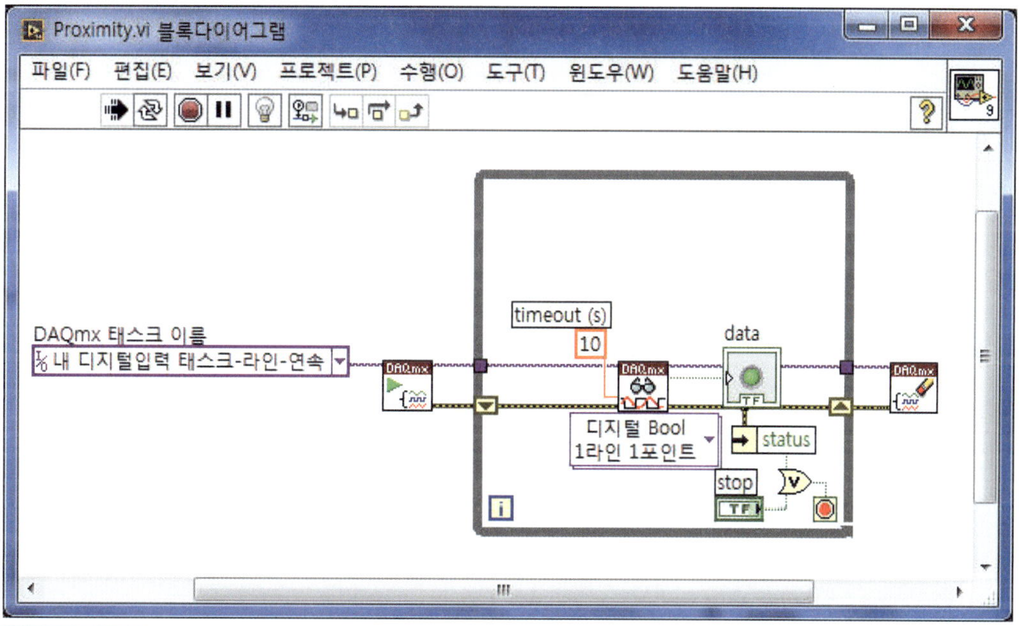

그림 12.8 완성된 블록 다이어그램

연습문제

A. 위의 예제를 사용하여 보안 시스템을 구현하자. 위의 프로그램에 추가하여 문이 열리면 근접 센서가 반응하여 신호음을 울리는 프로그램을 구현하라. 단 신호음은 별도의 H/W 없이 LabVIEW 내에서 프로그램 상으로 PC내의 사운드를 통해 울리도록 하여라.

13 Loadcell을 이용한 하중 측정 시스템

13.1 사용 센서

Loadcell (봉신 OBUH-7, www.loadcell.co.kr)

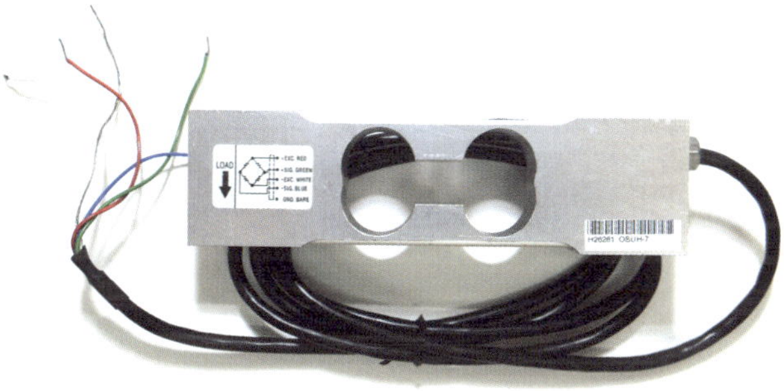

그림 13.1 Loadcell (봉신 OBUH-7)

13.2 원리

Loadcell에는 strain gauge라는 저항변화형 센서가 사용된다. strain gauge는 길이가 변화함에 비례하여 저항이 변화하는 센서이다. Loadcell에는 strain gauge가 4개 사용되는데 무게를 측정하기 위해 Loadcell에 하중을 가하면 내장된 strain gauge에 저항이 변화하고 이를 전압으로 변환하면 하중으로 환산이 가능하다.

13.3 개요

Loadcell에 측정하고자 하는 물체를 올리고 실제 무게와 비교하여 전압 대 하중의 커브를 그리는 실험이다.

13.4 소요 장비

Loadcell, 무게를 알고 있는 추, NI USB-6343

13.5 동작내용

하중 변화에 따라 Loadcell의 전압을 측정

13.6 목적

힘 또는 하중을 측정하기 위한 센서인 Loadcell의 동작원리 및 하중으로 환산하는 방법을 익힌다.

13.7 실험 사항

하중 변화에 따른 전압 변화를 측정하여 환산표를 만든다.

13.8 소요 장비 및 센서 리스트

장비 리스트	수량	비고
Loadcell	1	봉신 OBUH-7, www.loadcell.co.kr
NI USB-6343	1	

13.9 프로그램 시 구현할 기능

핵심 기능	고려할 사항
전압 측정	Loadcell 브릿지회로에 전압을 가하고 출력 전압을 확인한다.

13.10 센서 결선

센서는 다음과 같이 결선한다.

Digital Input	
sensor +	AI0
sensor -	AI8

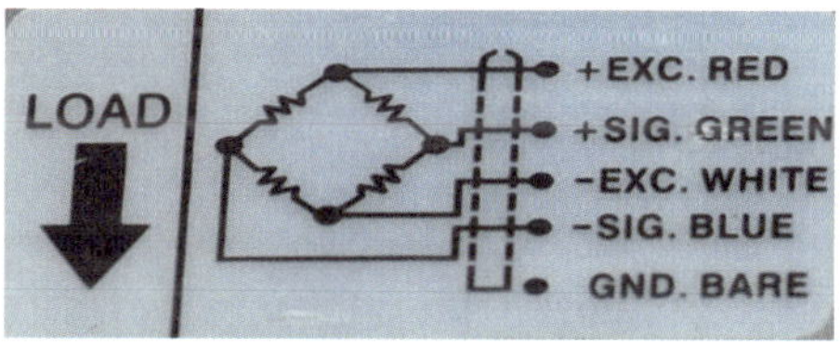

그림 13.2 Loadcell 단자 결선확인

위 그림과 같이 red와 white에 12V를 인가하고 green과 blue사이의 출력 전압을 NI USB -6343으로 전압을 측정한다.

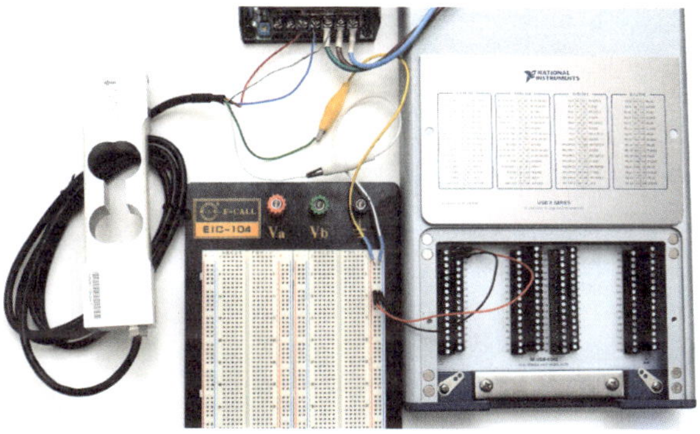

그림 13.3 결선도

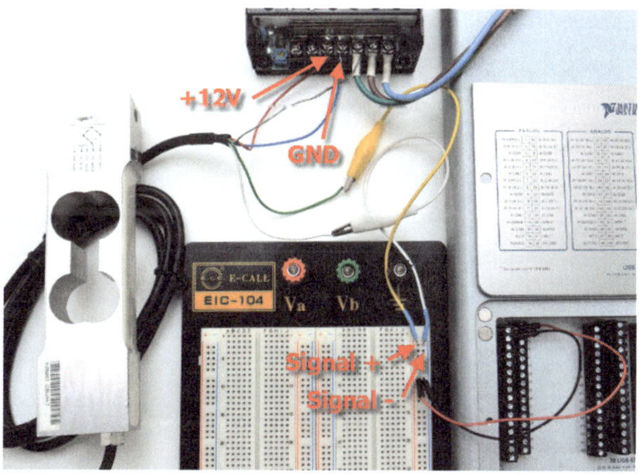

그림 13.4 상세 결선도

13.11 프로그램 작성

- LabVIEW 이용 기능

Analog input 확인

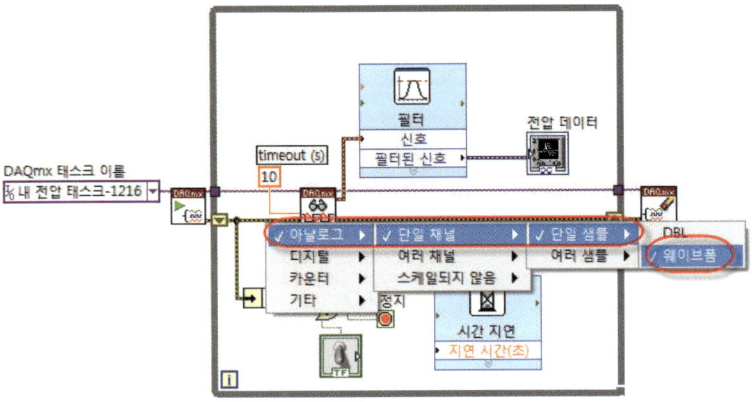

그림 13.5 채널 설정 변경

초기 파형은 노이즈가 심하여 바로 사용하기 어려우므로 Low pass 필터 처리하여 고주파 성분을 없앤다. 다음과 같이 프로그램적으로 high frequency noise를 없앨 수 있다.

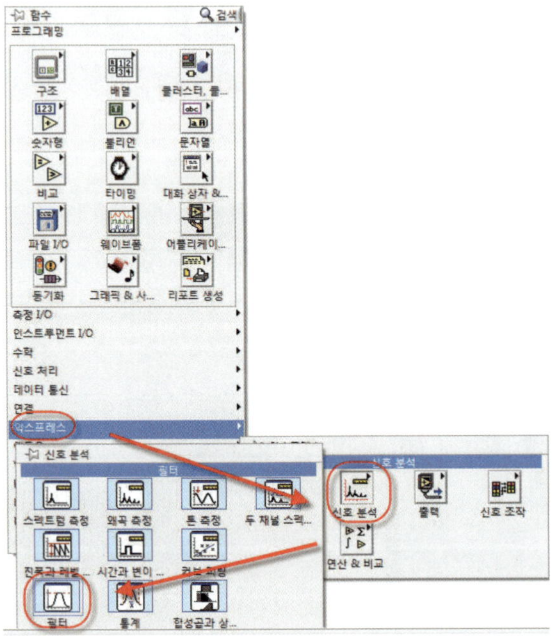

그림 13.6 필터

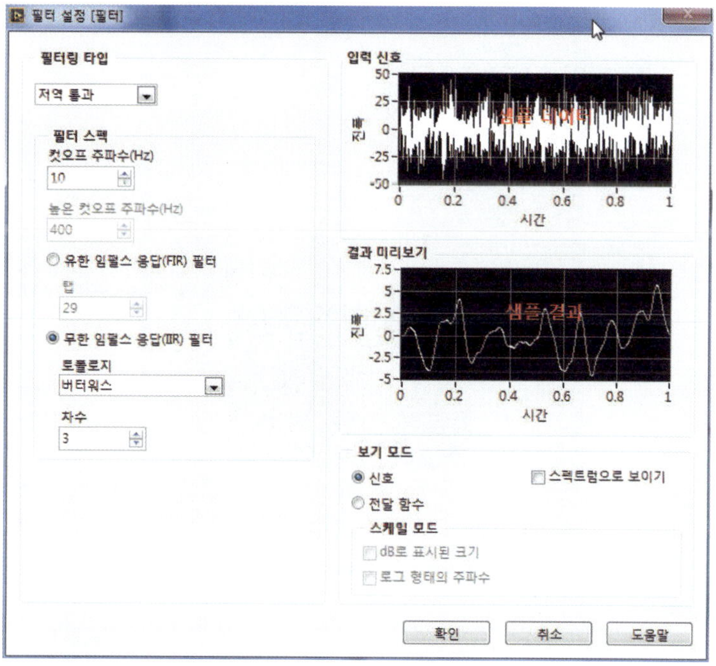

그림 13.7 필터 설정

13.12 프로그램 완성

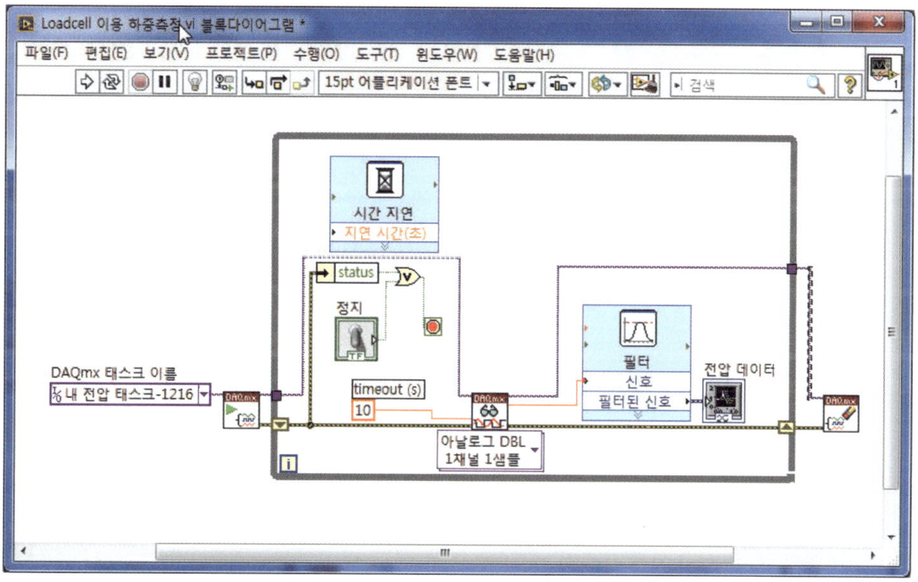

그림 13.8 블록 다이어그램

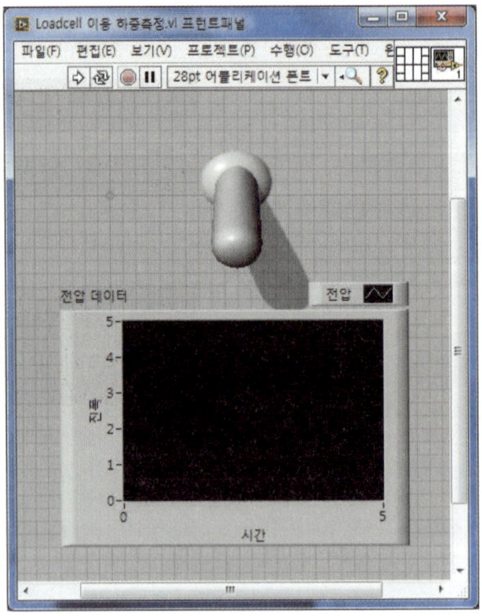

그림 13.9 프런트 패널

연습문제

A. 위의 프로그램을 이용하여 전자저울을 만들어라. 무게를 정확하게 하게 위해서는 Loadcell 측정 하중 범위 안에 드는 추 4개(1kg, 3kg, 5kg, 7kg)를 준비하여 보정 곡선을 구한 후 프로그램에 입력하여 Loadcell로부터 읽은 전압이 하중으로 변환되도록 한다.

하중(kg)	전압 (V)	비고
1kg		
3kg		
5kg		
7kg		

14 LVDT를 이용한 변위 측정 시스템

14.1 사용 센서

LVDT (Keyence AT2-301)

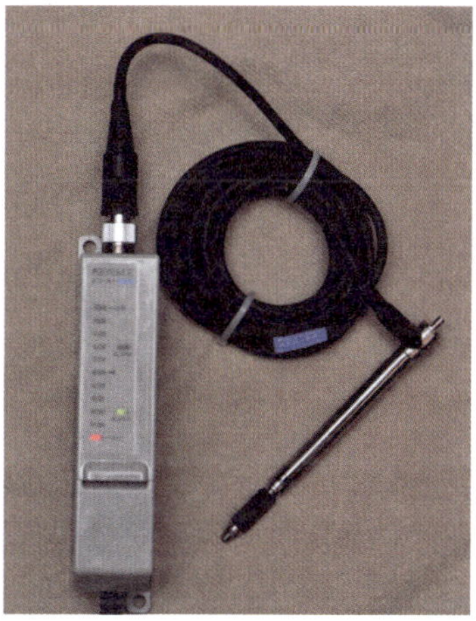

그림 14.1 LVDT

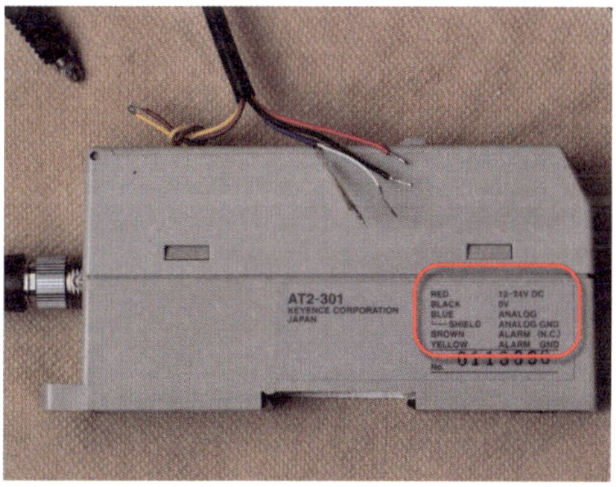

그림 14.2 color별 wire 결선 특성

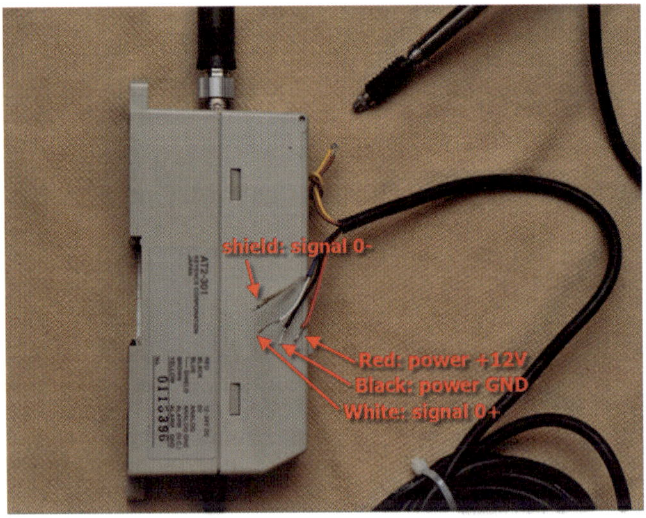

그림 14.3 LVDT color별 결선

14.2 원리

LVDT는 1차 코일에 여기된 자계로 인해 유도된 2차 코일의 전류량을 감지하는 센서로 코일 중앙에 위치한 코어의 위치가 외부에 연결된 팁의 위치에 따라 코일 내부를 이동할 때 2차 코일에 유도되는 양이 달라지는 것을 이용해 변위를 측정하는 센서이다.

14.3 개요

LVDT 끝에 달린 tip을 변위의 변화를 하려고 하는 대상물에 위치 고정시키고 대상물의 높이가 달라질 때 tip이 움직이는 것에 비례하여 전류가 유도되는 것을 이용하여 변위를 측정한다.

14.4 소요 장비

LVDT 센서, NI USB-6343, power supply(12V)

14.5 동작내용

근접 시 전압변화 측정

14.6 목적

LVDT센서의 사용법을 숙지하고 실제 자동화 현장에서 사용하는 센서의 사용 시 고려할 사항과 특성을 숙지한다.

14.7 실험 사항

접촉함에 따라 변화하는 거리에 비례하는 전압변화 현상 확인

14.8 소요 장비 및 센서 리스트

장비 리스트	수량	비고
LVDT 센서	1	Keyence AD2-301
NI USB-6343	1	

14.9 프로그램 시 구현할 기능

핵심 기능	고려할 사항
전압 측정	NI USB-6343 의 전압측정 기능을 이용하되 거리변화에 따라 동작하는 전압의 변화를 체크한다.

14.10 센서 결선

센서는 다음과 같이 결선한다.

Analog Input	
sensor +	AI0
sensor -	AI8

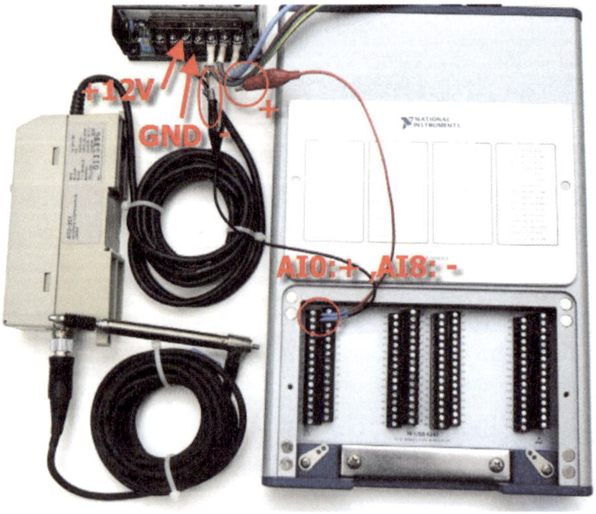

그림 14.4 결선 상세도

14.11 프로그램 작성

- LabVIEW 이용 기능

  전압측정, 챠트

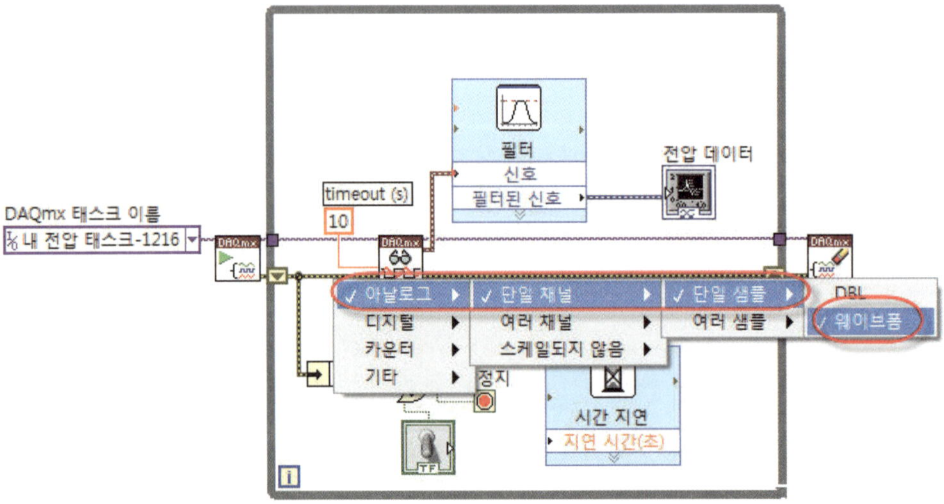

그림 14.5 아나로그 채널 재설정

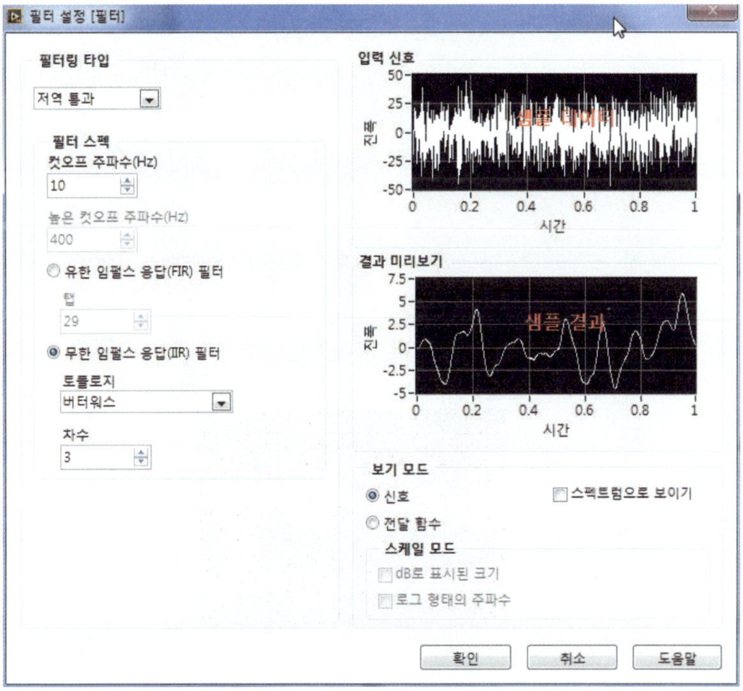

그림 14.6 필터 설정

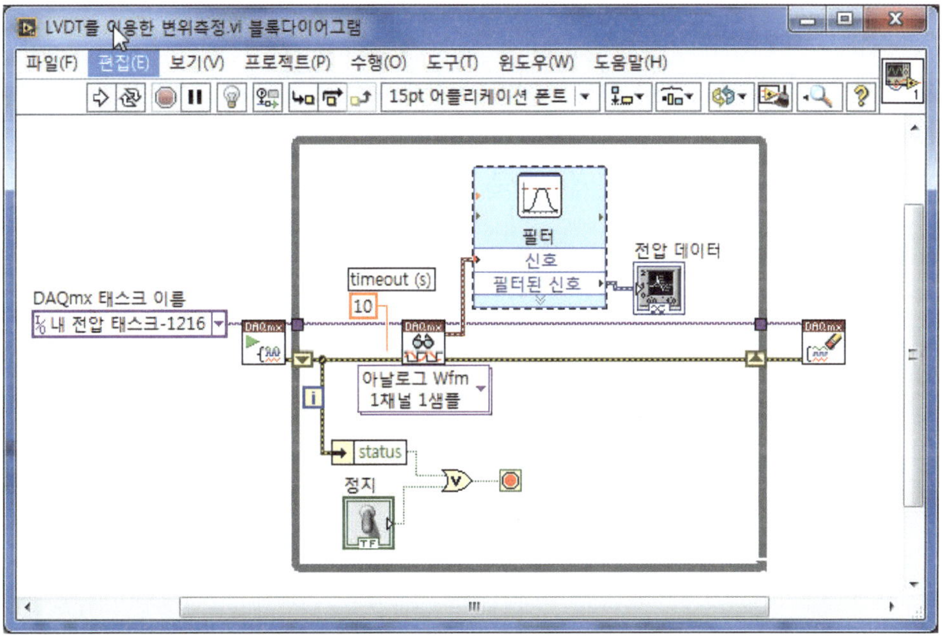

그림 14.7 블록 다이어그램

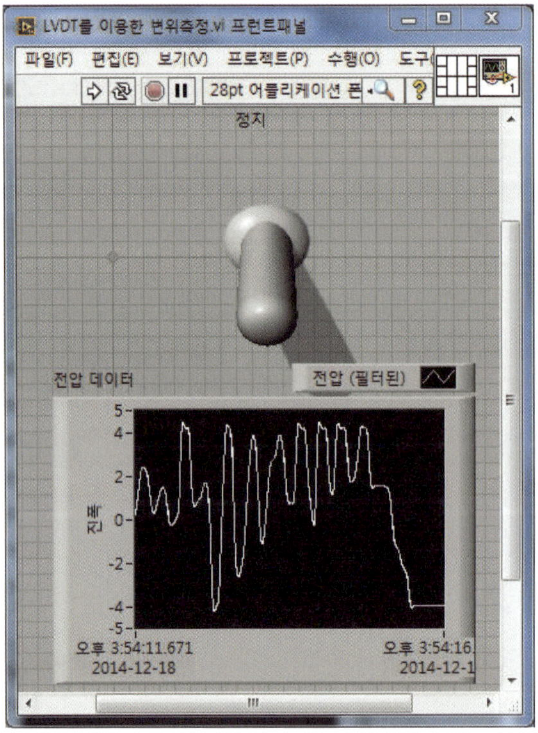

그림 14.8 프런트 패널

LVDT는 입력은 ±12V 이지만 LVDT의 가동팁의 움직임에 따라 ± 값의 변화가 있다. 일반적으로 LVDT의 출력은 ±12V이지만 NI USB 장치의 입력이 ±10V이기 때문에 전압강압 회로인 전위차계 회로를 사용할 경우 비례적으로 감소된 만큼, 변위를 구할 때에는 감안하여 환산하여야 한다.

연습문제

A. LVDT의 기본 원리는 무엇인가?

B. 위의 프로그램을 응용하여 LVDT를 이용한 길이측정 시스템으로 변환하여라. 위의 예제는 전압을 구한 것이지만 전압 대비 길이로 환산하여라.

15 적외선 변위센서를 이용한 거리 측정 시스템

15.1 사용 센서

적외선 변위 센서: Sharp GP 2Y0A02YK

그림 15.1 Sharp GP 2Y0A02YK

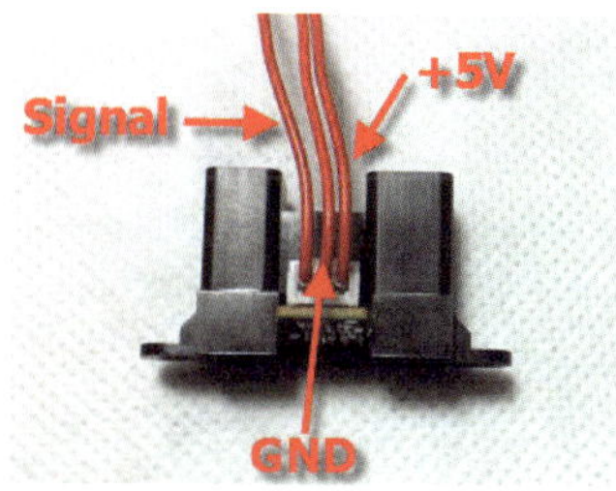

그림 15.2 결선도

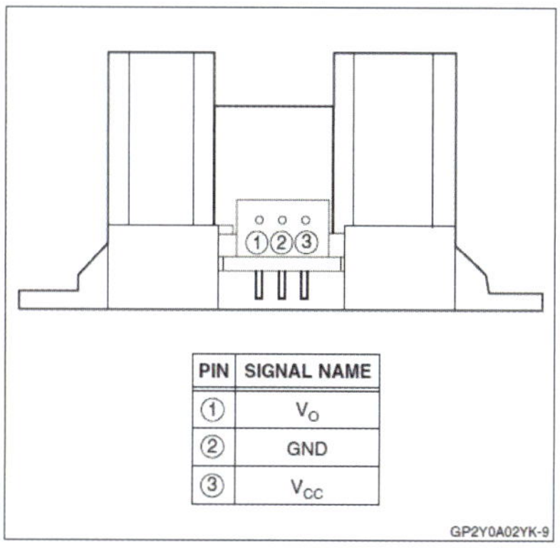

SHARP GP2Y0A02YK
Optoelectronic Device

FEATURES
- Analog output
- Detection Accuracy @ 80 cm: ±10 cm
- Range: 20 to 150 cm
- Typical response time: 39 ms
- Typical start up delay: 44 ms
- Average Current Consumption: 33 mA

DESCRIPTION

The GP2Y0A02YK is a wide angle sensor.

PIN	SIGNAL NAME
①	V_O
②	GND
③	V_{CC}

GP2Y0A02YK-9

Figure 1. Pinout

그림 15.3 Pin configuration

source: Sharp datasheet

15.2 원리

적외선 거리센서는 내부에 수신부인 PSD(Position Sensitive Detector)와 송신부인 IR diode로 구성되어 있다. IR diode에서 발신된 적외선이 물체에 반사되어 돌아올 때 반사된 광이 도착하는 수신부에서는 물체와 센서 사이의 거리에 따라 수광소자에 적외선이 도착하는 위치가 달라지므로 이를 거리로 환산하는 원리이다.

15.3 개요

적외선이 반사되어 돌아오면 적외선이 도착한 수광소자위치를 이용해 거리를 전압으로 출력하여 주어진 센서 규격에 따라 거리로 환산하게 된다. 이를 이용하여 로봇의 장애물 감지 등에 활용한다.

15.4 소요 장비

적외선 거리센서, NI USB-6343

15.5 동작내용

거리 변화 시 전압변화 측정

15.6 목적

적외선 거리 측정 센서의 사용법을 숙지하고 실제 청소 로봇이나 소형 무인 이동체를 개발할 때 거리를 측정하는 센서로 사용되므로 이를 구현하는 것이 목적이다. 본 센서는 규격상 10cm ~ 80cm까지 거리를 감지하는 특성을 갖고 있다.

15.7 실험 사항

거리 변화에 따라 전압변화 확인

15.8 소요 장비 및 센서 리스트

장비 리스트	수량	비고
적외선 거리 센서	1	Sharp GP 2Y0A02YK
NI USB-6343	1	

15.9 프로그램 시 구현할 기능

핵심 기능	고려할 사항
전압 측정	NI USB-6343 의 전압측정 기능을 이용하되 사전에 규격에서 제시한 전압이 실제 측정 거리에 따라 측정된 전압과 일치하는지 확인한다.

15.10 센서 결선

센서는 다음과 같이 결선한다.

Analog Input	
sensor +	AI0
sensor -	AI8

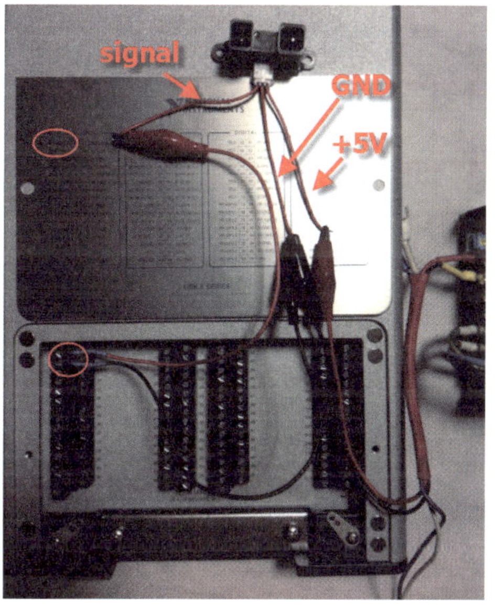

그림 15.4 결선도

15.11 프로그램 작성

- LabVIEW 이용 기능

  전압측정, 수식을 이용한 전압 대 거리 변환, 챠트

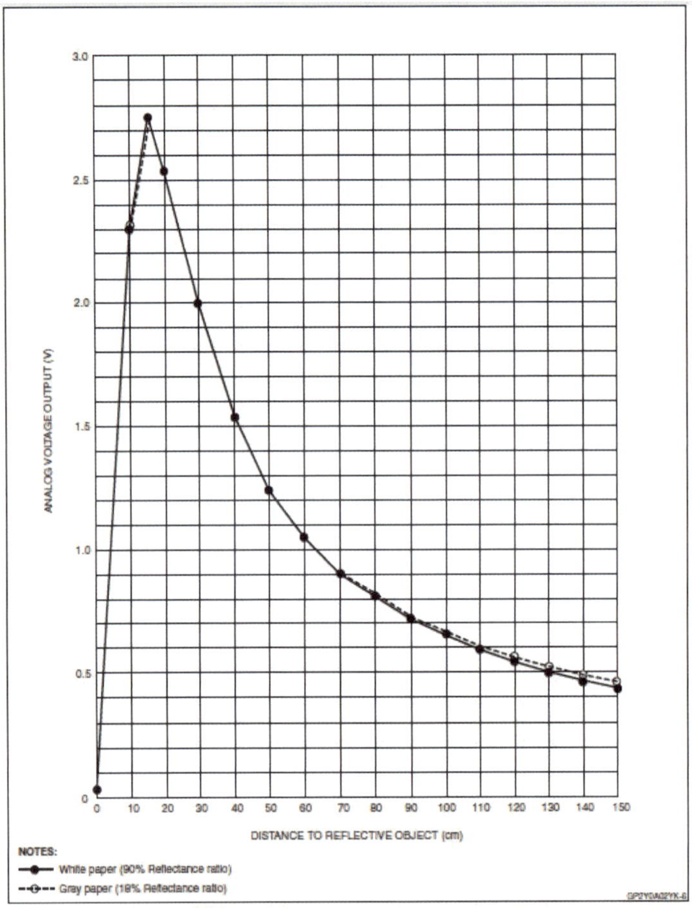

Figure 4. GP2Y0A02YK Example of Output Distance Characteristics

그림 15.5 전압 대 거리 곡선

Source: Sharp datasheet

V	cm
2.53	20
2	30
1.52	40
1.23	50
1.05	60
0.9	70
0.81	80
0.72	90
0.65	100
0.6	110
0.54	120
0.5	130
0.46	140
0.42	150

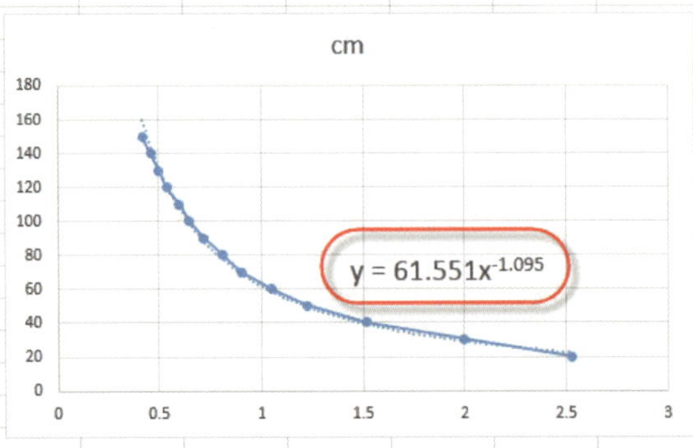

그림 15.6 추세선 도출

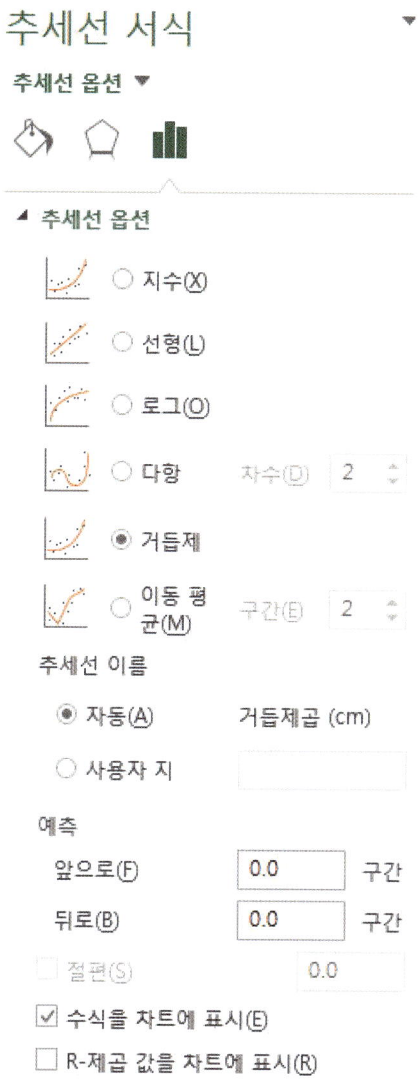
추세선 서식
추세선 옵션
추세선 옵션
지수(X)
선형(L)
로그(O)
다항
차수(D)
2
거듭제
이동 평균(M)
구간(E)
2
추세선 이름
자동(A)
거듭제곱 (cm)
사용자 지
예측
앞으로(F)
0.0
구간
뒤로(B)
0.0
구간
절편(S)
0.0
수식을 차트에 표시(E)
R-제곱 값을 차트에 표시(R)

그림 15.7 추세선 서식

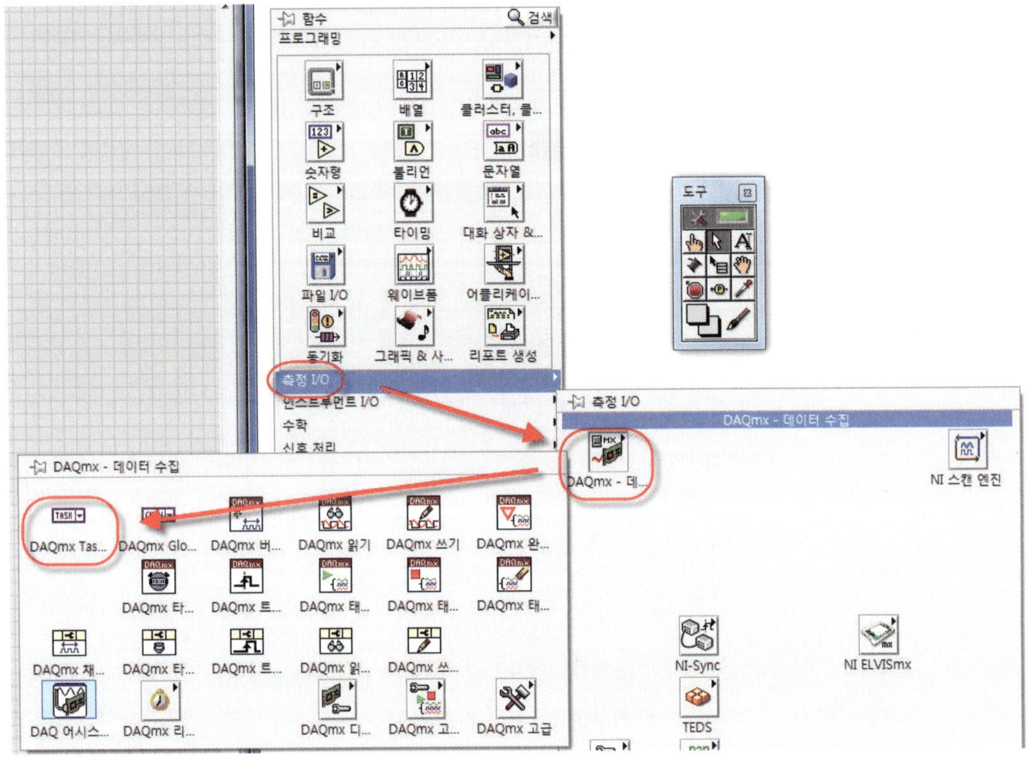

그림 15.8 태스크 이름

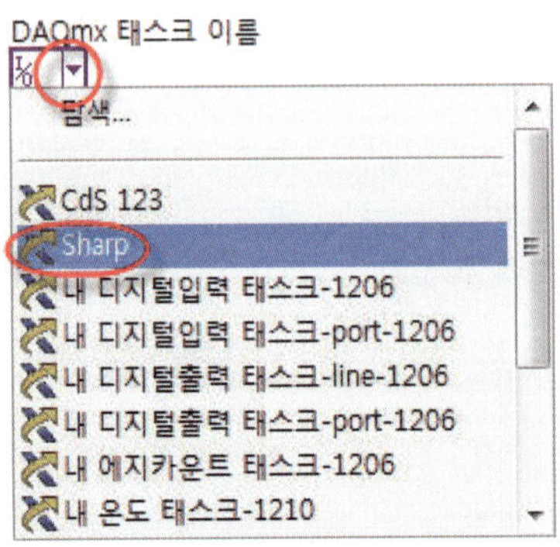

그림 15.9 태스크 선택

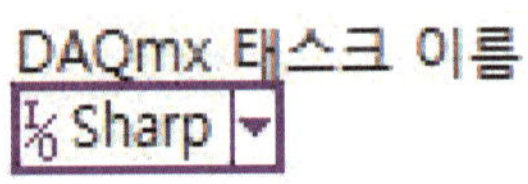

그림 15.10 태스크 이름

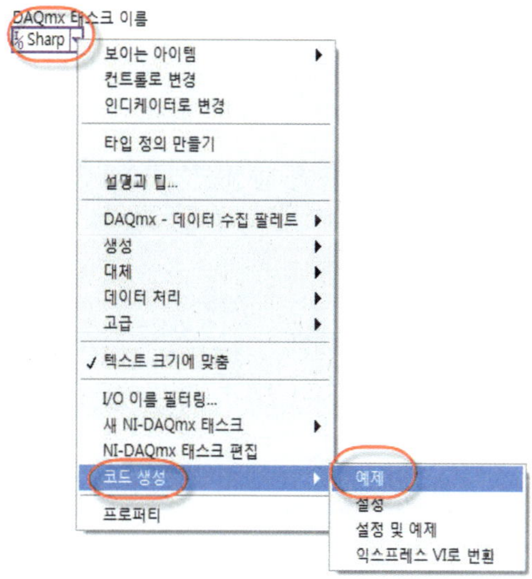

그림 15.11 코드 생성

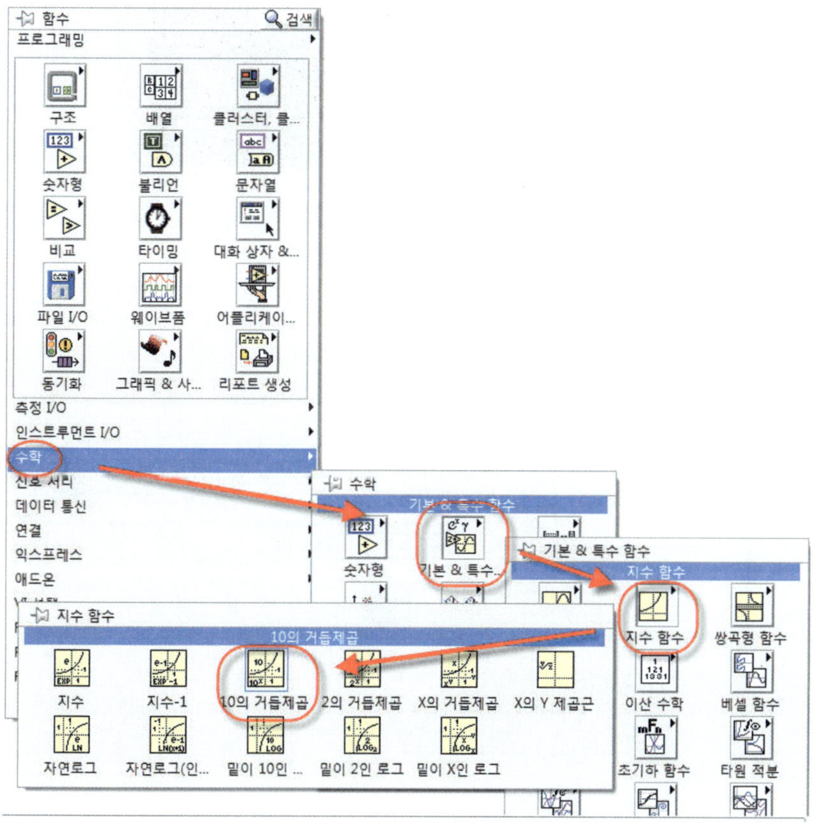

그림 15.12 10의 거듭 제곱

15.12 프로그램 완성

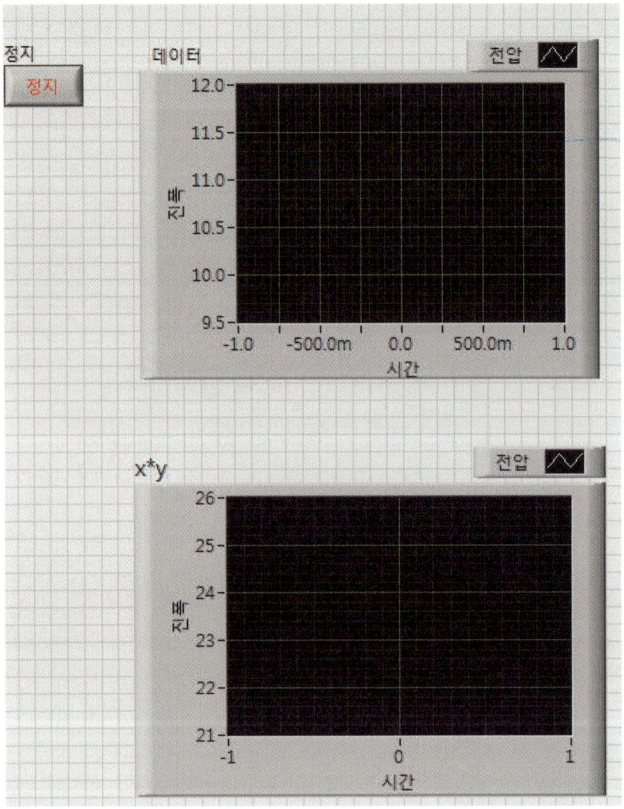

그림 15.13 완성된 프런트 패널

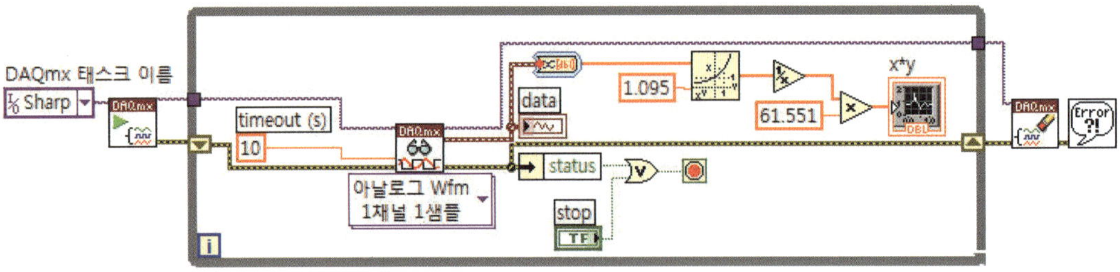

그림 15.14 완성된 블록 다이어그램

연습문제

A. 위의 예제를 이용하여 수퍼마켓에서 사용하는 무빙카트의 전방에 설치하여 전방의 장애물을 사전에 알려주는 기능을 구현하여라.

16 적외선 근접 센서를 이용한 근접 감지장치

16.1 개요

적외선 근접 센서 적외선 등과 같은 빛의 반사 효과를 이용하여 물체가 범위 안에 근접했는지 감지하는 센서이며 감지거리는 센서 뒷면의 나사를 조절하여 변화시킬 수 있다.

16.2 사용센서

적외선 근접센서(한진데이터 http://www.hanjindata.com HD-SEN0019)

그림 16.1 적외선 근접센서

16.3 동작원리

적외선 등의 빛이 물체에 닿아 반사되는 시간을 검출하여 설정한 거리이내에 물체가 근접한 것을 감지하는 센서이다.

16.4 목적

광 센서의 동작 원리와 사용방법을 숙지하며 물체의 근접에 따라 디지털 High, Low가 달라지는 것을 확인한다.

16.5 실험 사항

거리에 따라 출력변화현상 확인

16.6 소요 장비 및 센서 리스트

장비 리스트	수량	비고
적외선 근접센서	1	한진데이터 http://www.hanjindata.com (HD-SEN0019)
NI USB-6343	1	

16.7 프로그램 시 구현할 기능

핵심 기능	고려할 사항
전압 측정	NI USB-6343 의 디지털 입력 전압측정 기능을 이용하여 물체의 접근에 따른 High, Low를 모니터링한다.

16.8 센서 연결

Analog Input	
sensor +	AI0
sensor -	AI8

광센서 연결은 위 그림과 같이 연결한다. 여기서 NI USB-6343의 AIGnd와 0-를 연결하여 센서의 출력을 0V로 안정되게 만든다.

LabVIEW에서는 0 ~ 0.8V 까지는 Low로 인식하고 2.5 ~ 5V까지는 High 로 인식한다. 따라서 디지털 입력으로 사용할 때는 반드시 0V와 5V근처로 확실히 High, Low 가 구분되도록 사용해야 한다.

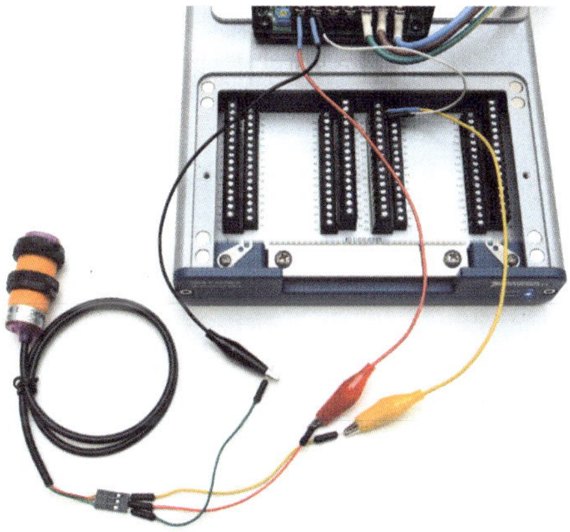

그림 16.2 결선도

16.9 프로그램 작성

- LabVIEW 이용 기능

 전압측정, 그래프

먼저 도구에서 태스크를 설정한다.

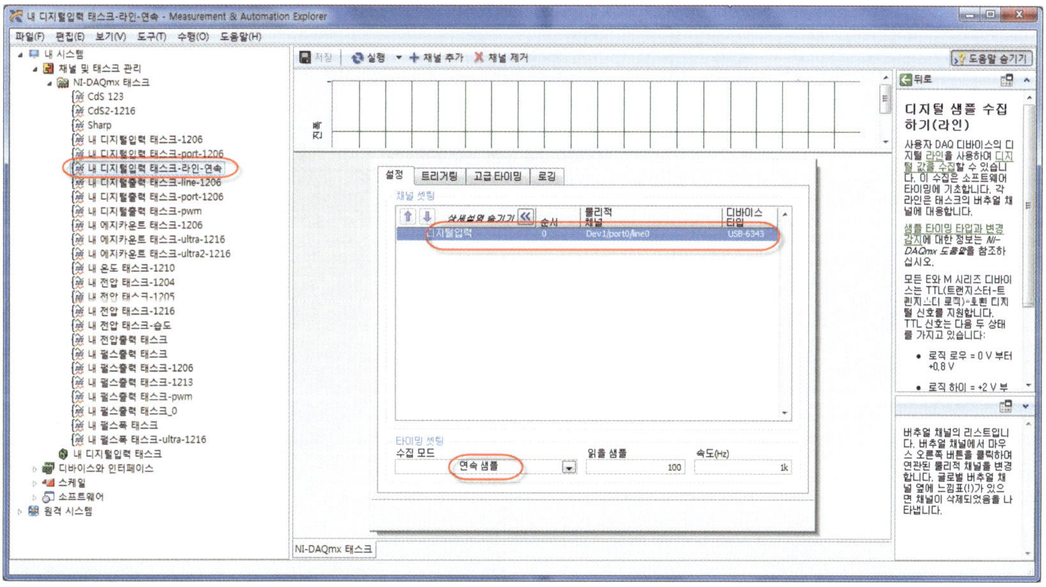

그림 16.3 디지털 입력 연속

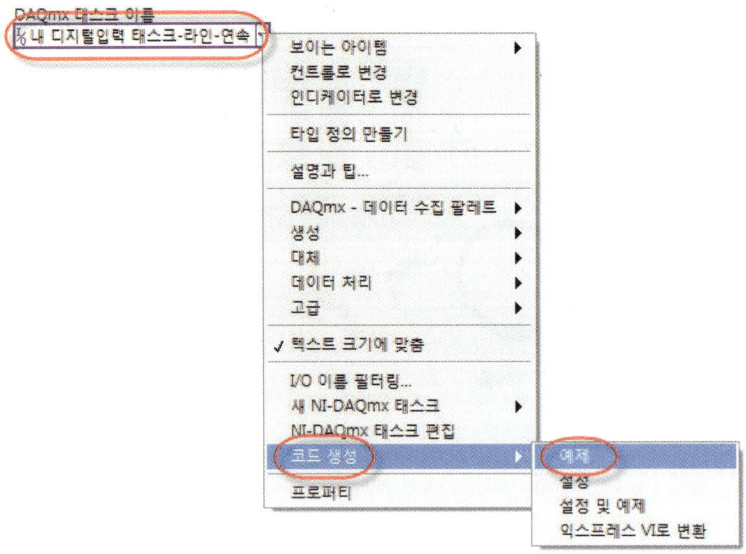

그림 16.4 코드 생성

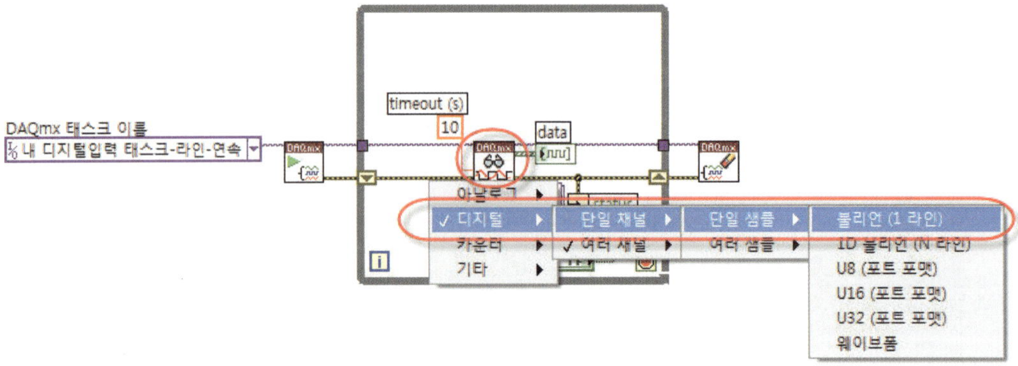

그림 16.5 디지털 단일채널 단일샘플 불리언으로 변경

16.10 프로그램 완성

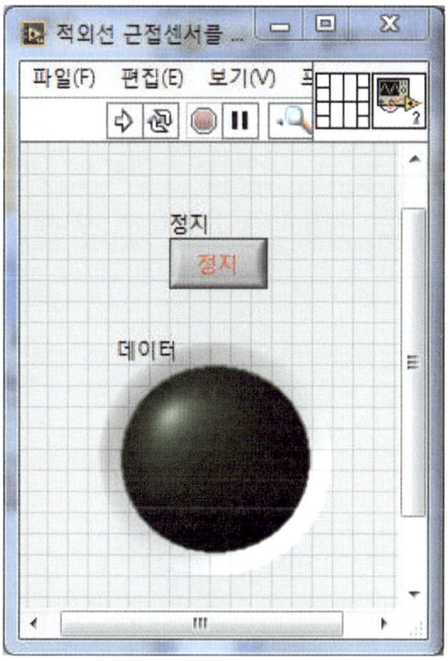

그림 16.6 완성된 프런트 패널

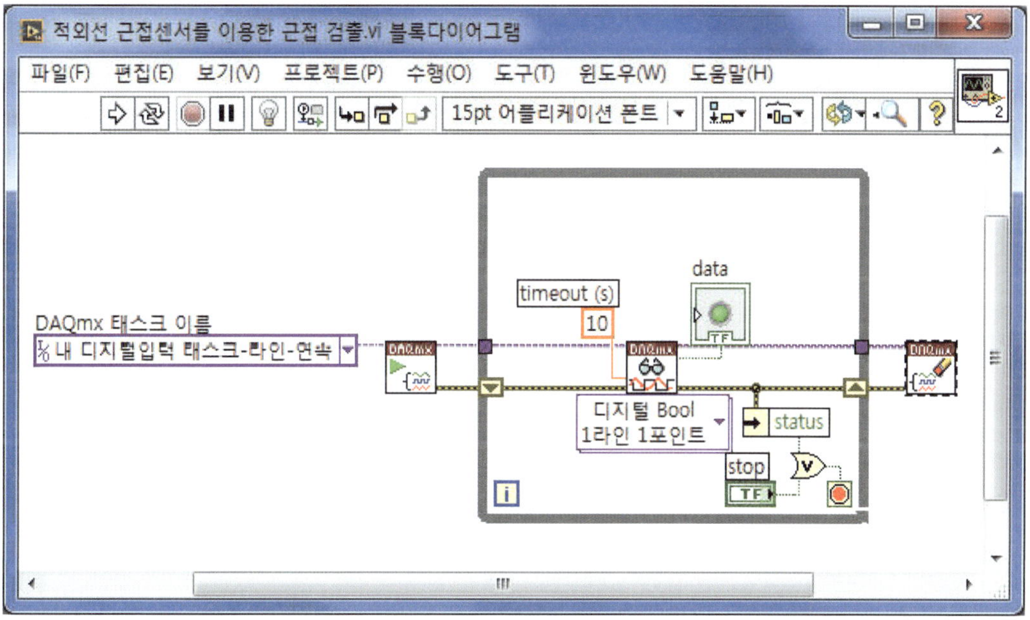

그림 16.7 완성된 블록 다이어그램

연습문제

A. 위의 예제를 사용하여 자동차 후방 감시 장치를 구현하자. 설정된 거리 이내로 차량이 접근하면 부저가 울리도록 하자. 부저는 digital out 을 high 로 할 때 Relay 또는 SSR을 사용하여 부저에 전원을 on하게 한다.

17 습도센서 활용

17.1 사용 센서

센서: 습도 센서 SY-HS-220 (http://www.nskelectronics.com/files/sy-hs-220.pdf)

그림 17.1 Humidity sensor

17.2 원리

습도 센서의 원리는 여러 가지가 있다. 일정한 공간 속의 수분량은 일정하더라도 내부온도가 달라짐에 따라 포화도가 달라지므로 상대습도는 달라진다. 습도센서의 종류로는 습도에 따라 전류밀도가 달라지는 고체 고분자 전해질 습도센서와 습도에 따라 정전용량이 달라지는 정전용량형 습도센서 그리고 수정 표면에 달라붙는 수분에 따라 수정의 고유진동수가 달라지는 것을 이용하는 수정진동자를 이용한 습도센서와 세라믹형 습도센서가 있다.

17.3 개요

위에 보인 모듈은 상대 습도 변화에 따라 전압이 달라진다. 표를 이용해서 상대습도를 구한다.

17.4 소요 장비

습도 센서, NI USB-6343

17.5 목적

상대습도의 개념을 이해하고 습도센서를 사용방법을 학습한다.

17.6 실험 사항

습도에 따라 달라지는 전압변화를 체크한다.

17.7 소요 장비 및 센서 리스트

장비 리스트	수량	비고
습도 센서	1	SY-HS-220 (http://www.nskelectronics.com/files/sy-hs-220.pdf)
NI USB-6343	1	

17.8 센서 결선

센서는 다음과 같이 결선한다.

Dimensions (Unit : mm)

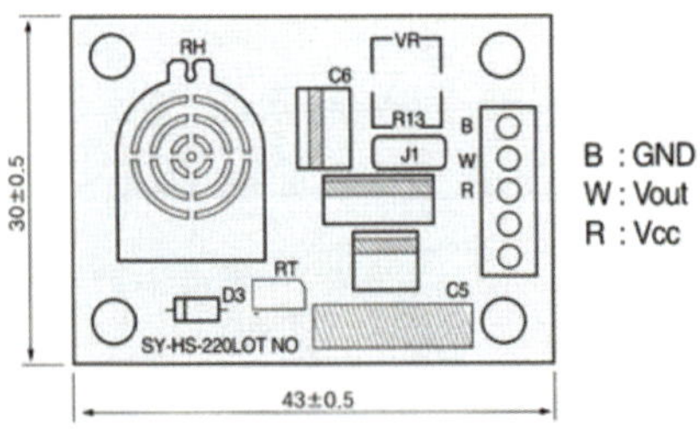

그림 17.2 Humidity sensor 결선

Analog Input	
sensor +	AI0
sensor -	AI8

Specifications

Items	SY-HS-220
Rated voltage	DC 5.0V
Rated power	≤3.0㎃
Operating temperature	0~60℃
Operating humidity	30~90%RH
Storage humidity	Within 95%RH
Storage temperature	-30~85℃
Standard output	DC 1,980㎷(at 25℃ 60%RH)
Accuracy	±5%RH(at 25℃, 60%RH)
Remarks	PCB unit containing thermistor or diode for temperature compensation

그림 17.3 SY-HS-220 specification

source: http://www.nskelectronics.com/files/sy-hs-220.pdf

Standard Characteristics

%RH	Spec.(㎷) SY-HS-220
30	990
40	1300
50	1650
60	1980
70	2310
80	2640
90	2970

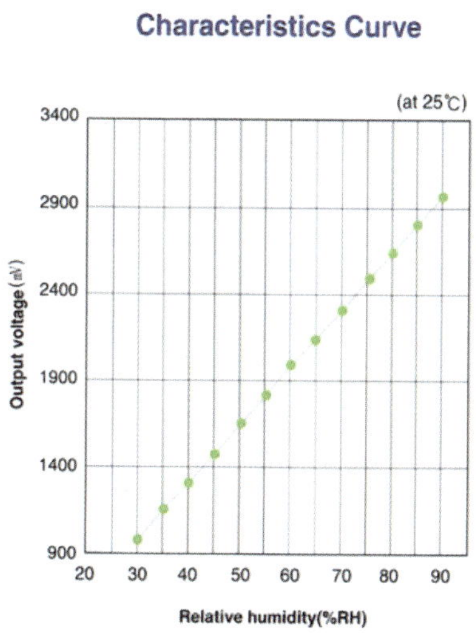

그림 17.4 습도센서 사양 (SY-HS-220)

출처: http://www.nskelectronics.com/files/sy-hs-220.pdf

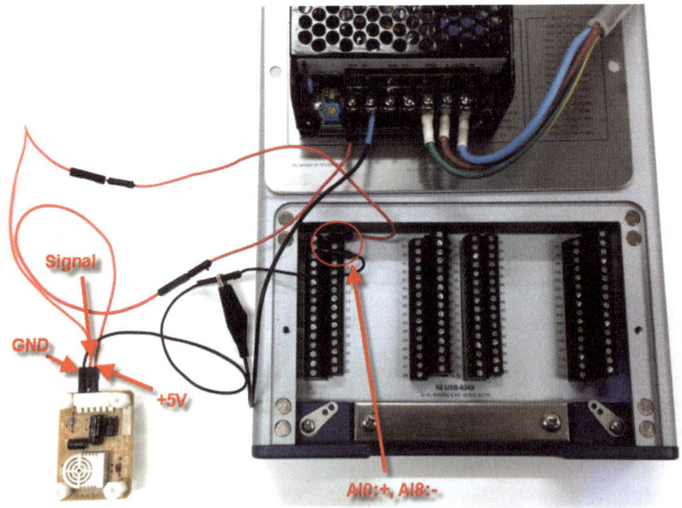

그림 17.5 결선도

17.9 채널 설정

Analog 입력

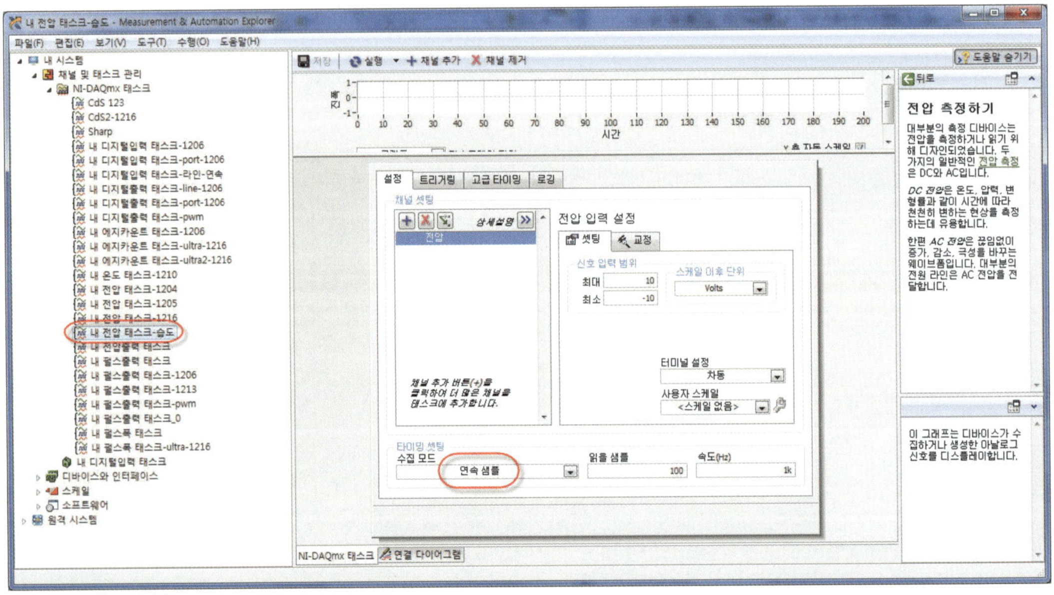

그림 17.6 채널 및 태스크 관리

17.10 사용자 스케일 설정

센서에서 읽어 들인 값이 전압일 경우 내가 원하는 습도 등으로 환산할 필요가 있다. 프로그램 중에 연산기능을 이용하여 변환할 수도 있으나 사용자 스케일 기능을 이용하면 별도의 추가 연산없이 바로 변환되어 습도로 출력된다.

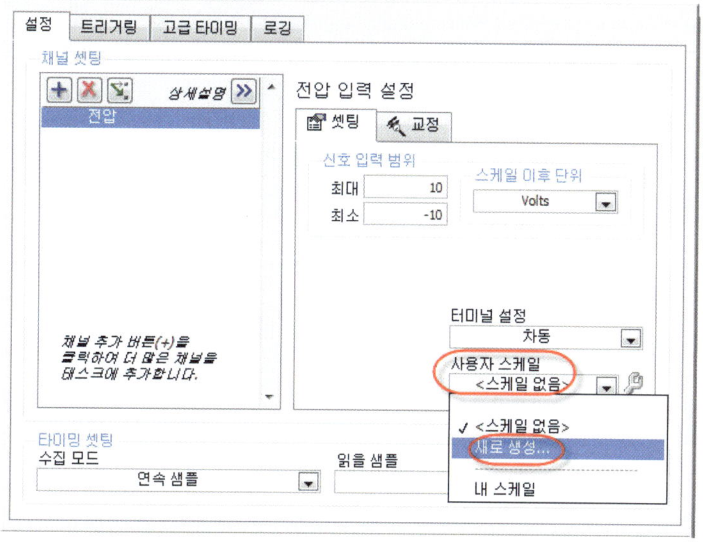

그림 17.7 사용자 스케일

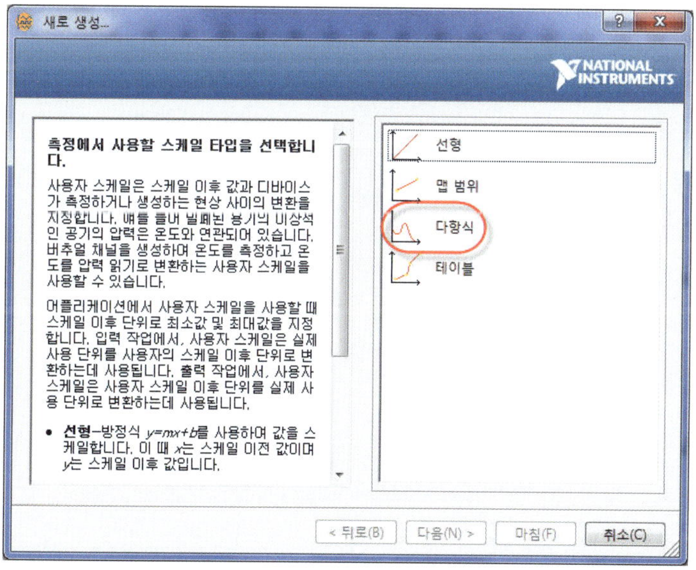

그림 17.8 사용자 스케일 다항식

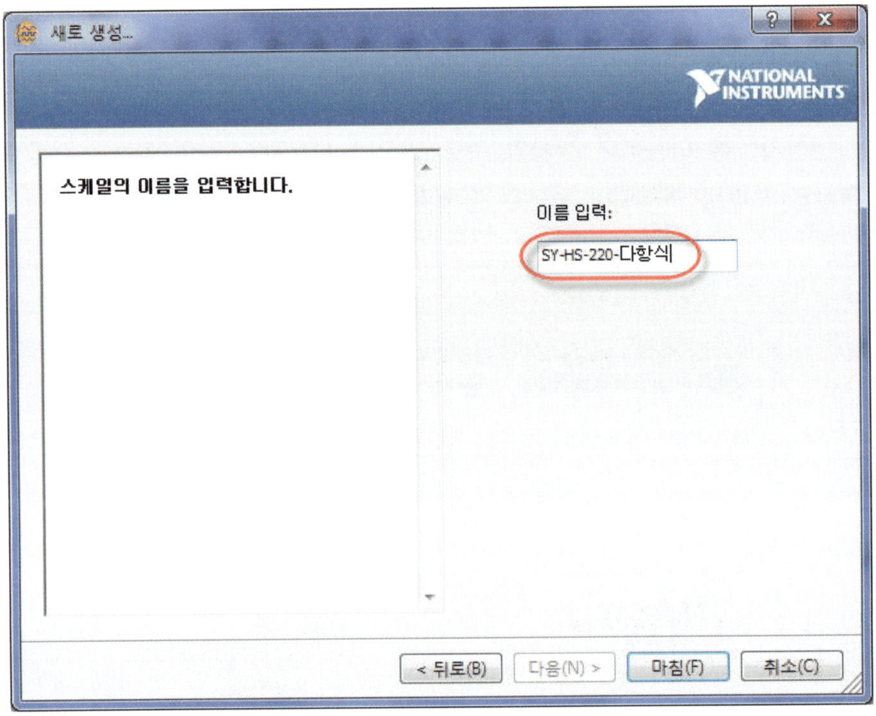

그림 17.9 다항식 이름입력

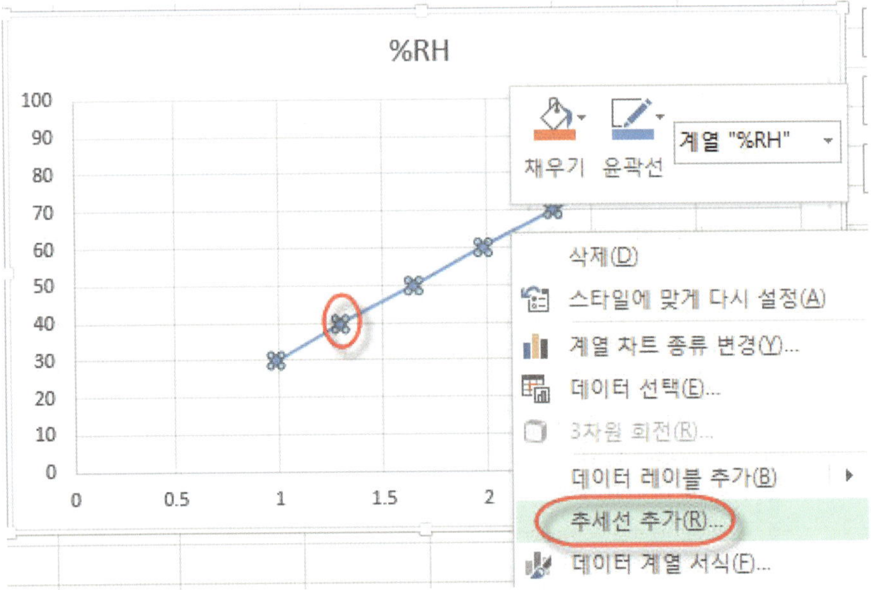

그림 17.10 추세선 추가

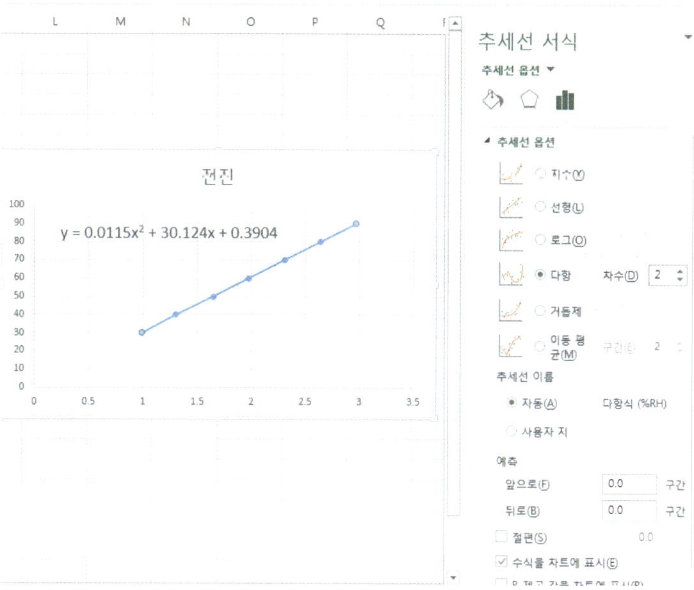

그림 17.11 추세선 방정식

수식을 도출하고 사용자 스케일을 입력할 때 두가지 과정이 필요하다. 다항식을 만들어 스케일을 만들 경우, 전압을 이용하여 습도를 구하는 "전진"과정의 방정식이 필요하다. "역"의 방정식은 별도로 구하지 않고 전진을 이용하여 구한다.

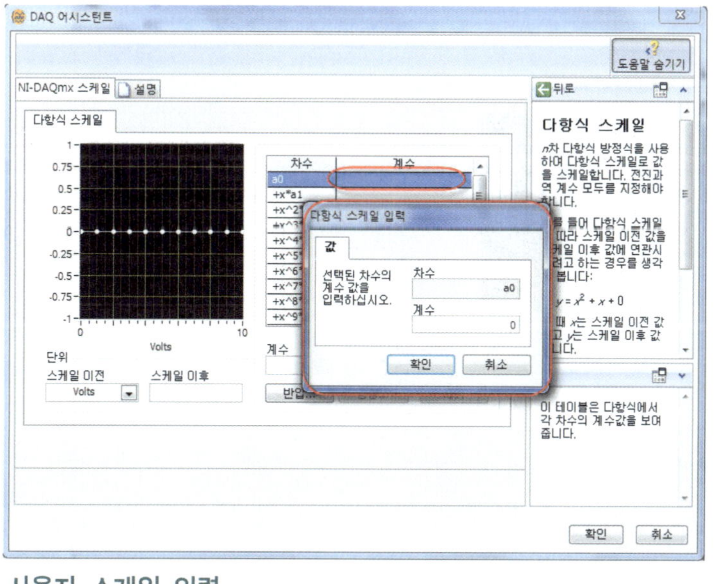

그림 17.12 사용자 스케일 입력

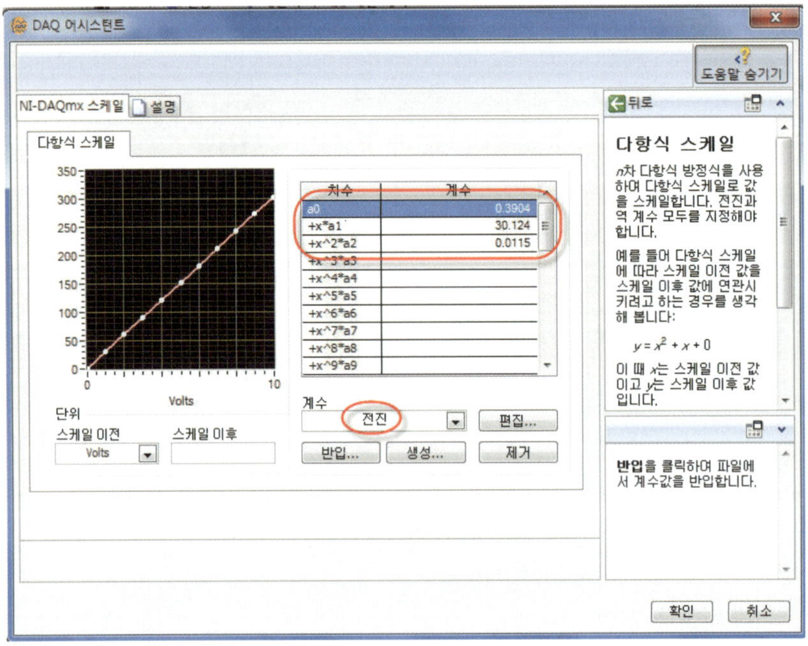

그림 17.13 전진 방향 입력

역방향은 별도로 추세선을 구하지 않고 전진을 사용하여 아래와 같이 구해야 한다.

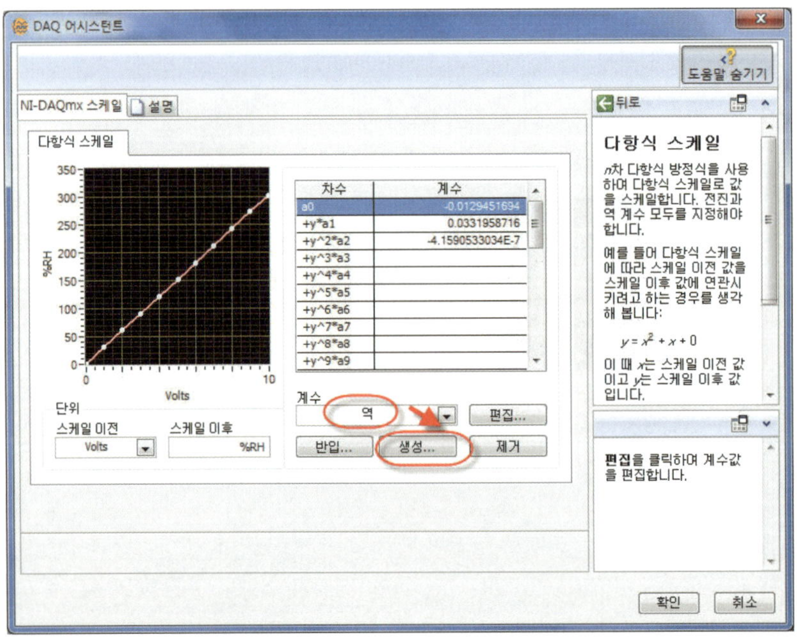

그림 17.14 역방향 상수 자동생성

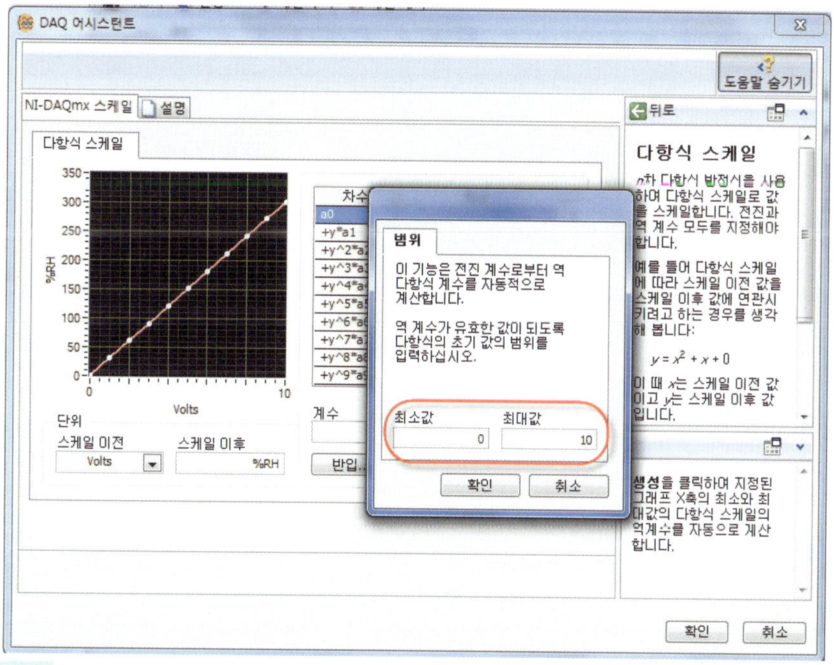

그림 17.15 자동생성 범위 지정

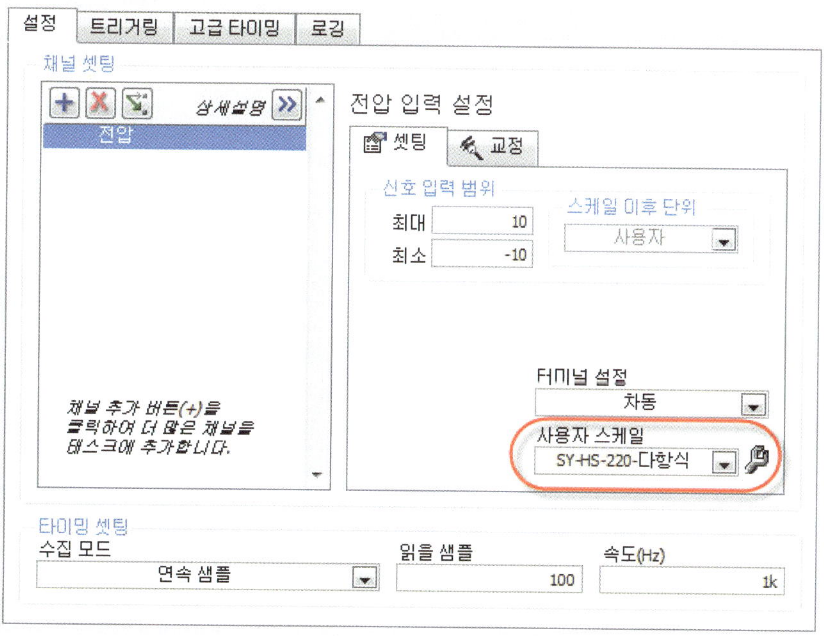

그림 17.16 사용자 스케일

프로그램은 다음의 태스크를 선택하여 코드생성한다.

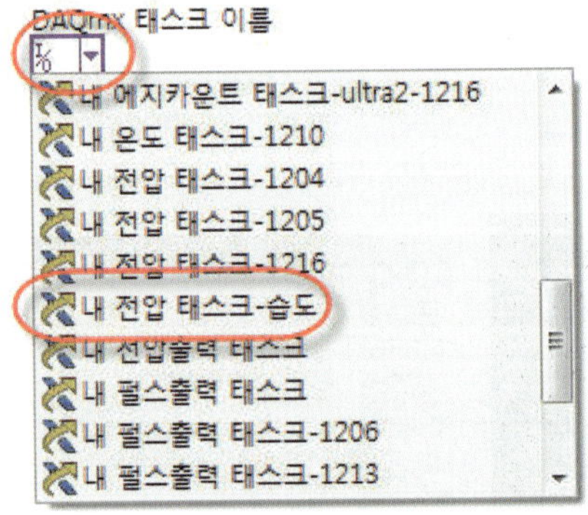

그림 17.17 태스크 선택

17.11 프로그램 완성

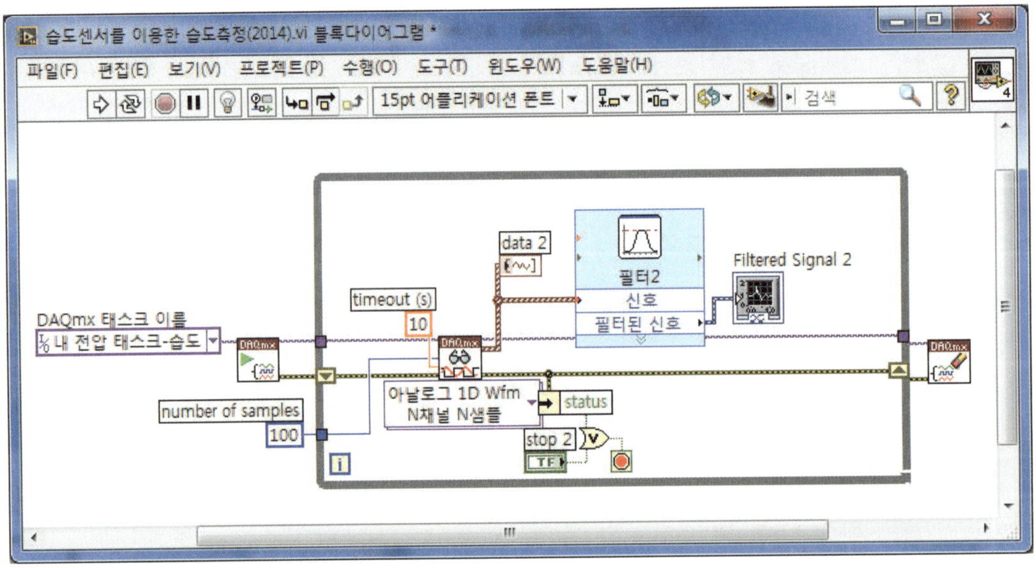

그림 17.18 완성된 블록 다이어그램

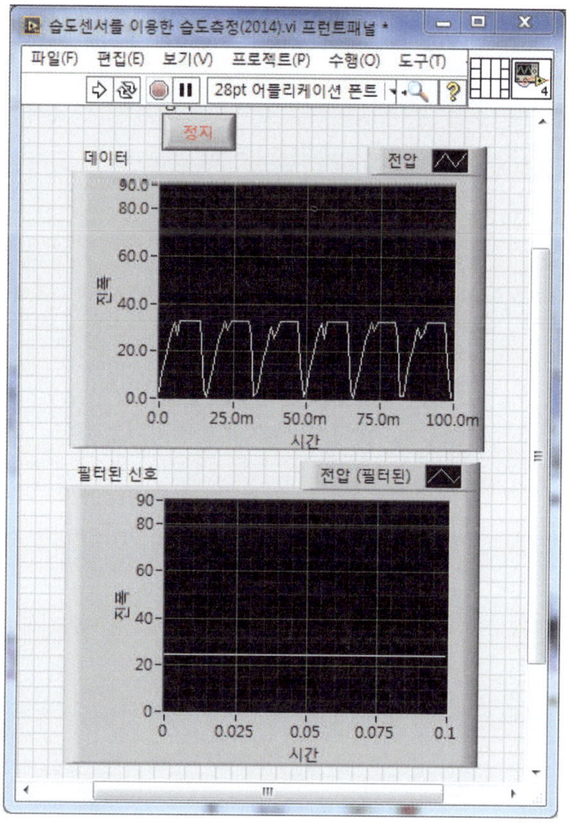

그림 17.19 완성된 프런트 패널

연습문제

A. 습도센서의 종류에 대하여 설명하여라.

B. 위의 프로그램을 응용하여 습도를 측정하되 지정된 습도를 상회하면 LED램프를 on하고 경보음이 울리도록 하여라.

18 Hall sensor 활용

18.1 사용 센서

Hall sensor: ATS-177

그림 18.1 Hall sensor (Diodes사 ATS-177)

Features

- Bipolar Hall-Effect latch sensor
- 3.5V to 20V DC operating voltage
- Temperature compensation
- Open-collector pre-driver
- 25mA maximum output sink current
- Built-in reverse polarity protection
- Operating temperature: -40°C to +125°C
- SIP-3L package
- Green Molding Compound (No Br, Sb) (Note 1)

그림 18.2 특징

source: DIODES 사 (http://www.diodes.com/datasheets/ATS177.pdf)

18.2 원리

Hall sensor는 반도체 재질로서, 고체의 x축방향의 입력 전극에 전류를 흘리고 y축에 자력선을 인가하면 나머지 한 축인 z축으로 자계의 강도와 전류의 세기에 비례하여 전압이 발생한다. 기본 원리로 Hall 소자에 전류만을 흐르게 하면 아무 자계가 없을 경우 아무 전압도 걸리지 않으나 자계를 걸면 반도체 중의 캐리어에 Lorenz force와 Coulomb force가 발생하여 캐리어가 외부에서 인가한 전계와 θ의 각도를 가지고 이동하게 되어 전압이 발생되는 것이다.

18.3 개요

이를 이용해 Hall 센서에 자석이 접근하는 것을 알 수 있고 이동물체 또는 회전체에 자석을 부착시키고 Hall 센서를 사용하여 접근 여부 또는 회전수 등을 구하여 모터의 경우 회전속도를 정밀하게 제어하는 데 사용한다.

18.4 소요 장비

Hall 센서, NI USB-6343

18.5 동작내용

자석 근접 시 극성에 따른 전압변화를 측정하고 High, Low 변화에 따른 카운팅 실험

18.6 목적

Hall 센서의 사용법을 숙지하고 자석 극성에 따라 출력이 달라지는 것을 확인한다.

18.7 실험 사항

근접함에 따라 전압변화 현상 확인

18.8 소요 장비 및 센서 리스트

장비 리스트	수량	비고
Hall sensor	1	Diodes사 ATS-177
NI USB-6343	1	

18.9 프로그램 시 구현할 기능

핵심 기능	고려할 사항
Edge count	NI USB-6343의 카운터를 이용해 Edge count를 통해 Pulse 개수를 카운트하여 카운터 입력, 비교기능으로 설정한 회수가 되면 자동으로 프로그램을 멈춘다.

18.10 센서 결선

센서는 다음과 같이 결선한다.

Analog Input	
sensor +	AI0
sensor -	AI8

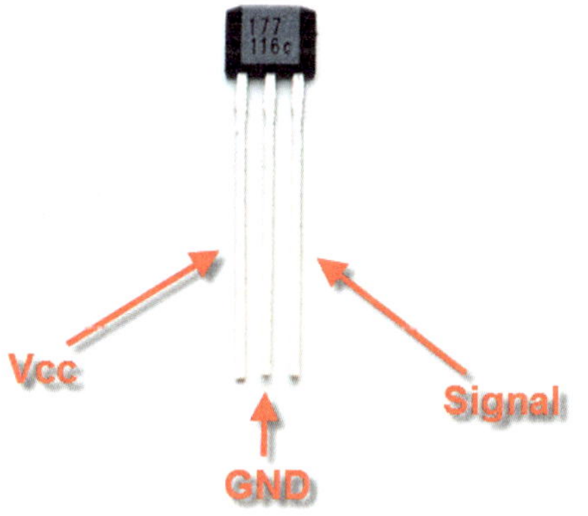

그림 18.3 Pin configuration

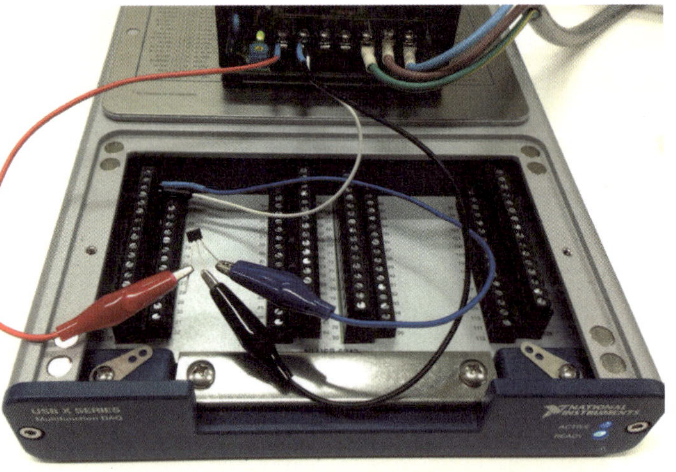

그림 18.4 결선

그림 18.5 결선 상세

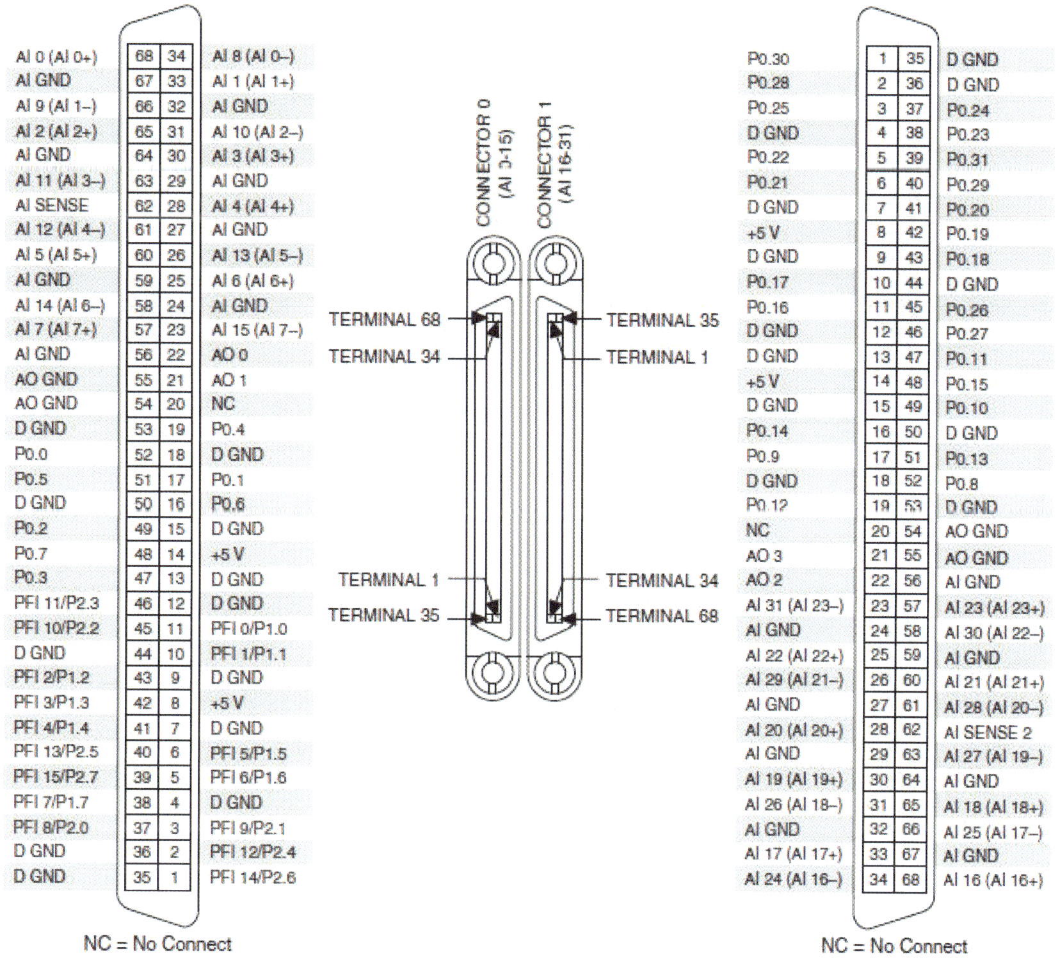

그림 18.6 NI-USB-6343 Pinouts

Source: National Instrument

18.11 프로그램 작성

- LabVIEW 이용 기능

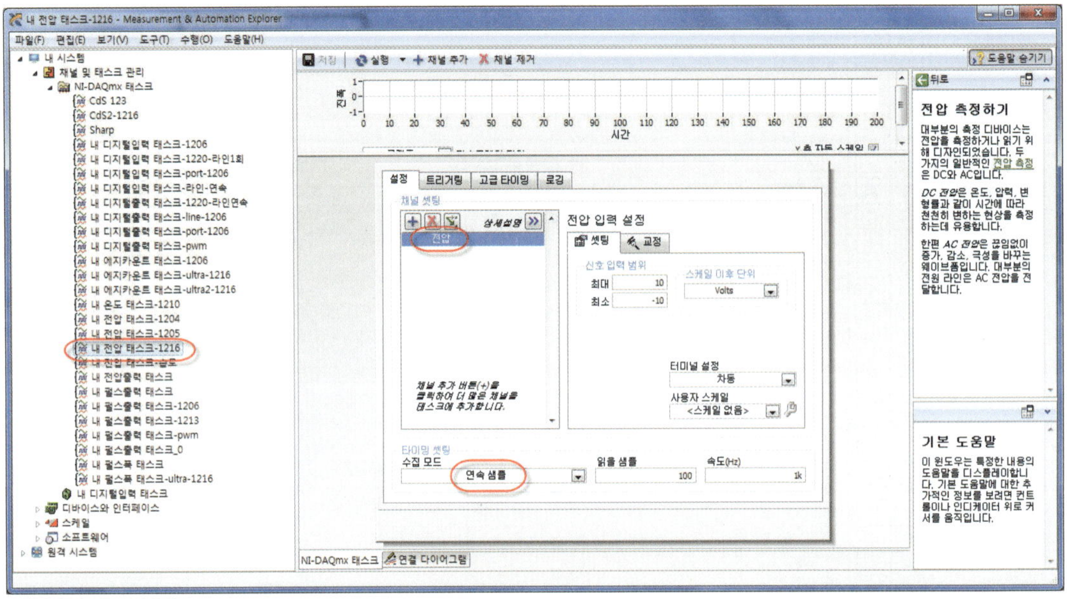

그림 18.7 태스크 설정

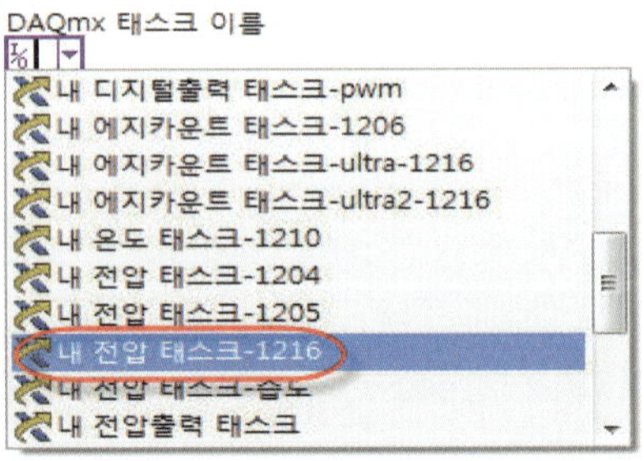

그림 18.8 태스크 선택

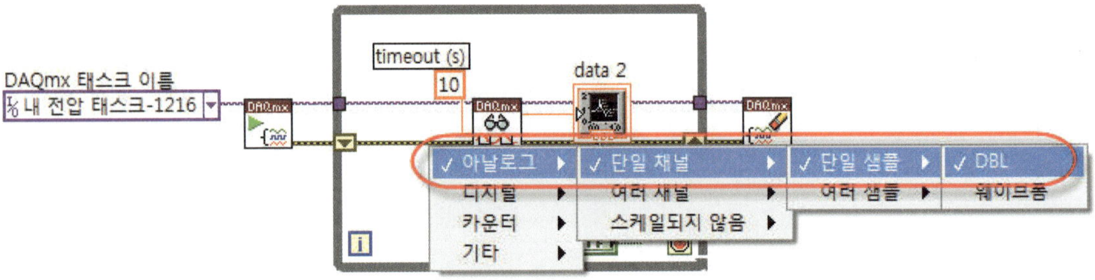

그림 18.9 채널 재설정

18.12 프로그램 완성

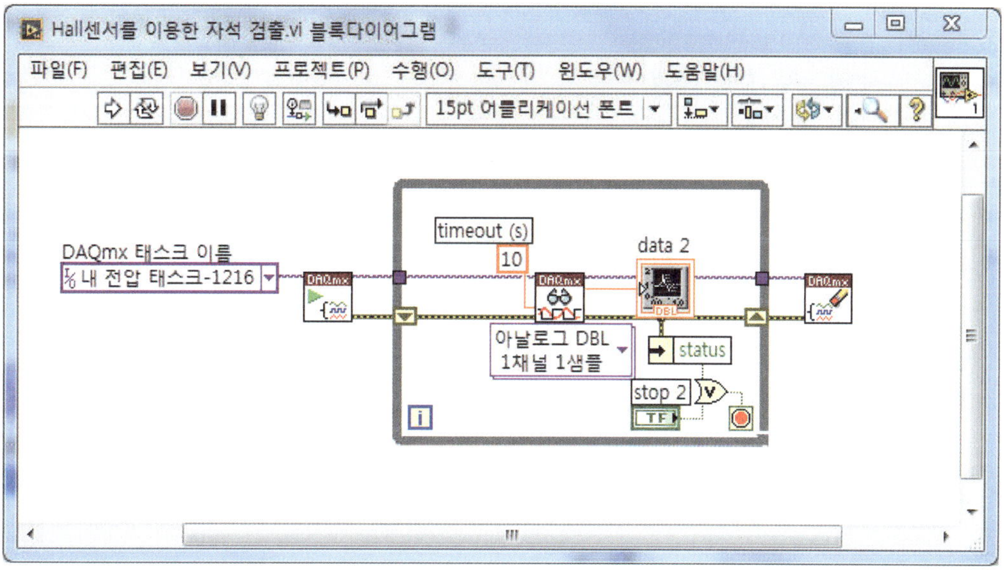

그림 18.10 완성된 블록 다이어그램

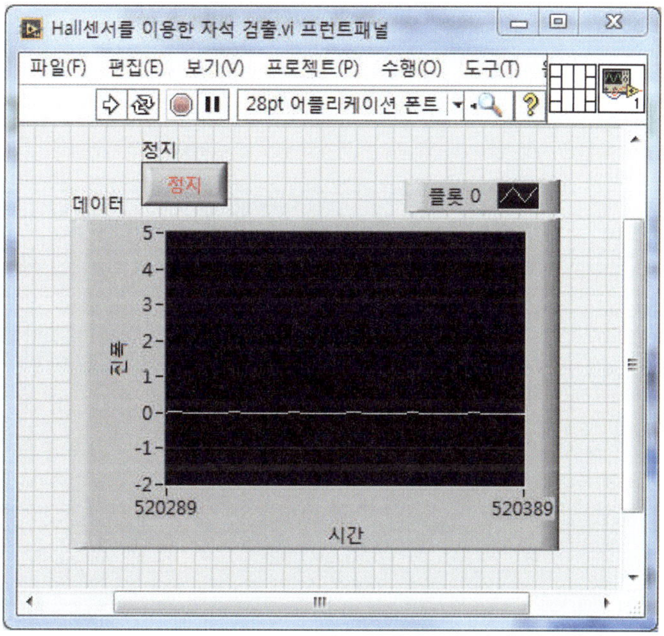

그림 18.11 완성된 프런트 패널

연습문제

A. 모터를 회전시키면서 날개 위에 작은 자석을 부착시킨 후 Hall sensor를 사용하여 분당 회전수를 측정하여라. 날개가 회전할 때 1바퀴마다 1개의 카운트가 올라가므로 1분간 프로그램이 실행되도록 하고 몇 번 카운트 되었나 확인하여 분당 회전수(rpm)를 구한다.

PWM(Pulse Width Modulation) 소자를 이용한 DC motor속도 제어 19

19.1 사용 모듈

PWM 모듈: MAI-2MT-DC Ver. 2.1 (http://www.maicom.co.kr)

그림 19.1 PWM driver

source: http://www.maicom.co.kr

19.2 원리

PWM 모듈은 DC motor 속도제어나 Lamp 밝기제어 및 온도제어 등에 사각파 형태로 에너지를 공급하되 주기점유율 즉 Duty ratio를 조정히면 에너지기 비례적으로 공급되어 속도, 밝기 및 온도를 제어할 수 있게 한다.

19.3 개요

PWM제어 방식은 중요한 에너지 조절 방식 중 하나이다. 여기서는 여기서 사용하는 PWM 제어 MAI-2MT-DC 모듈은 L298N을 사용하여 2개의 DC모터를 구동 할 수 있으며, PWM을 이용한 속도제어 및 정방향, 역방향 구동이 가능한 모델이다. 한 모터당 2A의 전류를 흘릴 수 있다.

duty 비를 100%로 하면 전원이 100%로 공급되고 10%로 하면 사각파의 high가 10%가 되고 low가 90%가 된다.

LabVIEW에서 duty 비를 컨트롤로 제어하도록 하여 PWM 제어 모듈의 해당 pin에 공급하면 DC motor에 전원이 비례적으로 공급된다.

19.4 소요 장비

PWM module, DC motor, NI USB-6343

19.5 동작내용

duty ratio 변화에 따라 DC motor 속도 변화 확인

19.6 목적

PWM 모듈의 동작 기능을 확인하고 이를 이용하여 DC motor 속도를 제어하는 방법을 습득한다.

19.7 실험 사항

duty ratio에 따라 DC motor속도 변화 확인

19.8 소요 장비 및 센서 리스트

장비 리스트	수량	비고
PWM 제어 모듈 (MAI-2MT-DC Ver. 2.1)	1	http://www.maicom.co.kr
DC motor	1	
NI USB-6343	1	

19.9 프로그램 시 구현할 기능

핵심 기능	고려할 사항
duty ratio 변화	NI USB-6343 의 카운터 출력 기능을 이용하여 펄스의 duty 비를 바꿔가면서 DC motor의 속도를 제어한다.

19.10 결선

다음과 같이 결선한다.

Cousnter Output	sensor +	CTR0
	sensor -	DGND
Digital Output	+	P0.0
	-	DGND
Digital Output	+	P0.1
	-	DGND

그림 19.2 PWM driver

그림 19.3 결산도

그림 19.4 Motor와의 연결

위 그림에서 Pin #1(#7)는 high, low에 따라 1번 모터의 회전방향을 바꿀 수 있으며, Pin #2(#6)는 high, low에 따라 1번 모터의 시동/정지를 제어할 수 있으며, Pin #5(#8)에 PWM 신호를 입력하면 duty ratio에 따라 모터의 속도가 달라진다. Pin #9 에는 +5V를 Pin #10 에는 gound를 연결한다. 2번 모터는 ( )속에 언급한 Pin 에 연결하면 2대의 모터의 제어할 수 있다.

그림 19.5 전원 결선도

위의 power supply는 5V와 12V를 동시에 공급 가능한 모델이다. 이중에서 PWM 모듈의 motor 전원으로는 12V를, PWM 모듈 동작용으로는 5V를 공급한다. 이때 5V전원의 GND는 NI USB-6343 의 analog 출력 GND와 연결한다.

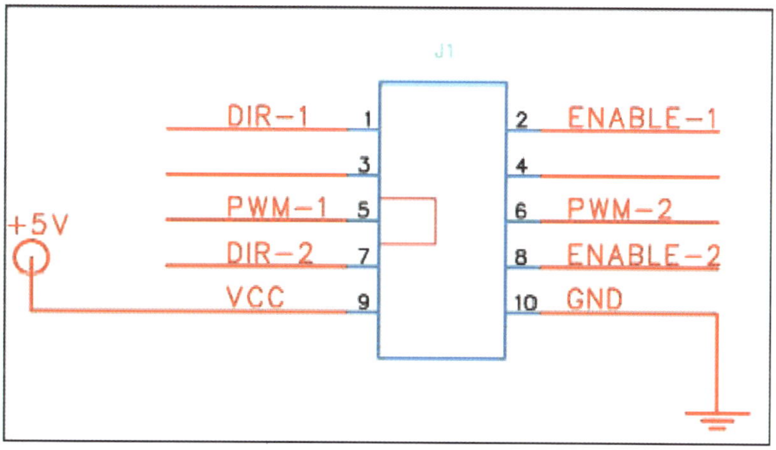

그림 19.6 Pin Configuration

source: MAI

커넥터 연결 시

ATmeag128	Port B	Port E
Direction 1	PB0	PE0
PWM 1	PB4 – OC0 : 8Bit Timer/Counter 0	PE4 –OC3B : 16Bit Timer/Counter 3
Enable 1	PB1	PE1
Direction 2	PB6	PE6
PMW 2	PB5 – OC1A : 16Bit Timer/Counter 1	PE5 – OC3C: 16Bit Timer/Counter 3
Enable 2	PB7	PE7

핀 설명

핀번호	이름	설명	전압
1,7	Dir-1 Dir-2	모터의 정방향, 역방향을 결정하는 신호로서 High 또는 Low를 입력하면 모터의 방향이 바뀐다	3.3V~5.0V
5,6	PWM-1 PWM-2	모터의 속도를 조절하는 PWM 신호를 입력한다. High를 입력하면 최고 속도로 모터를 회전시킨다 Low를 입력하면 모터가 정지한다.	3.3V~5.0V
2,8	Enable-1 Enable-2	High를 입력하면 모터가 회전하고 LED가 켜진다. Low를 입력하면 모터가 정지하고 LED가 꺼진다.	5.0V
9,10	9번 – VCC 10번– GND	9번 – 5V의 Logic 전원을 입력한다. 10번– GND	5.0V
모터 VCC	2PIN 하네스 커넥터	모터를 구동하기 위한 전압을 입력한다. +,- 방향에 주의 하여 연결한다.	5V ~ 46V

그림 19.7 핀 설명

source: MAI

위 pin 번호 중 1번 motor를 사용하려면 pin번호 1,2,5,9,10 5개를 사용한다.

Pin #1 : 회전 방향
Pin #2: Start/stop
Pin #5: PWM 신호
Pin #9: +5V
Pin #10: ground

PWM 신호를 보내기 위해서는 카운터 출력 – 펄스 출력을 해야 한다.

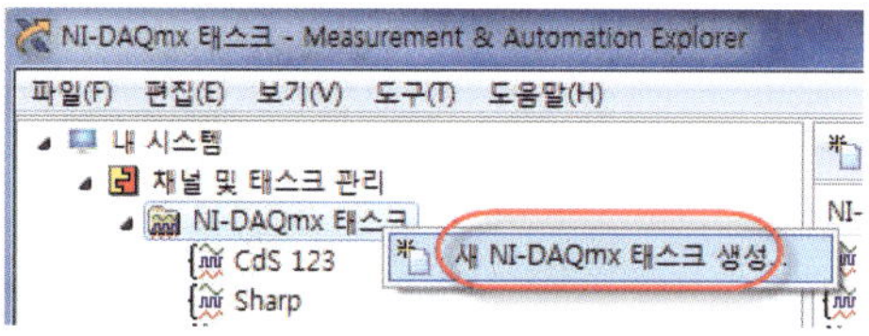

그림 19.8 채널 및 태스크 관리

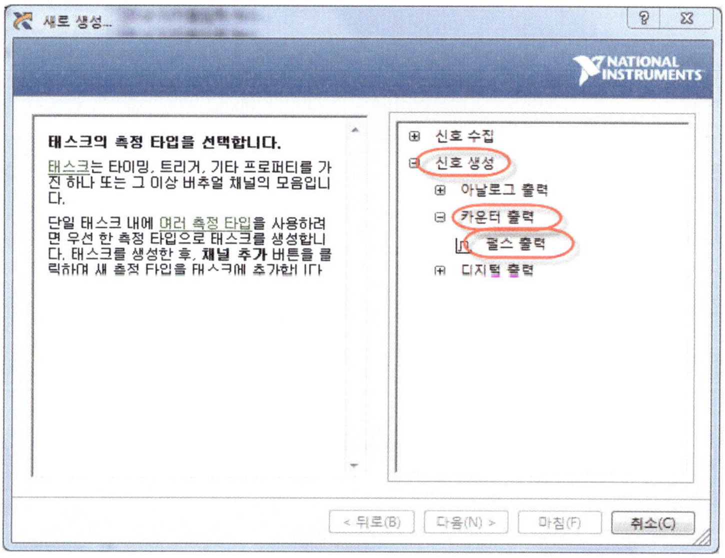

그림 19.9 신호생성 펄스 출력

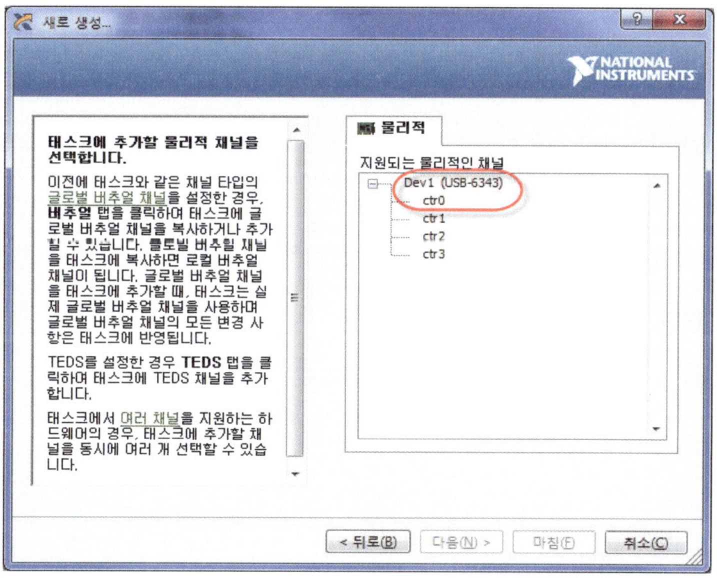

그림 19.10 물리적 채널

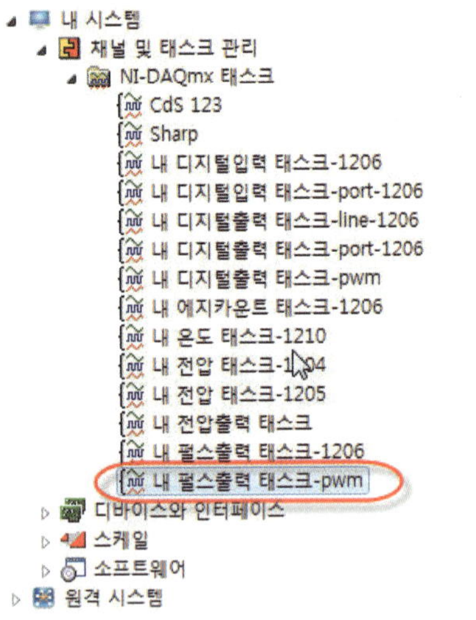

그림 19.11 펄스 출력 태스크

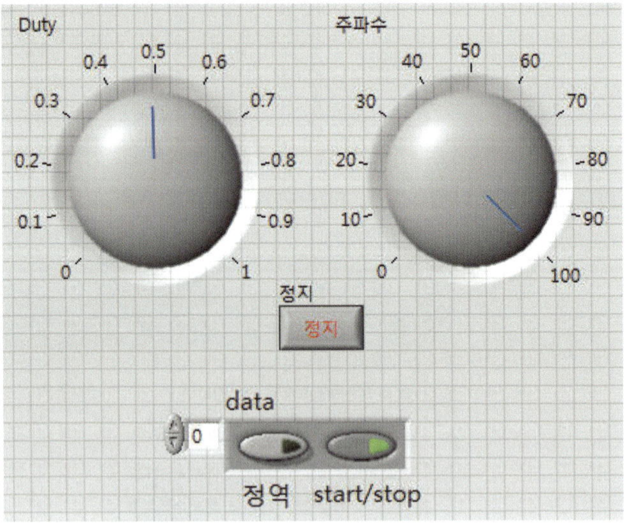

그림 19.12 프런트 패널

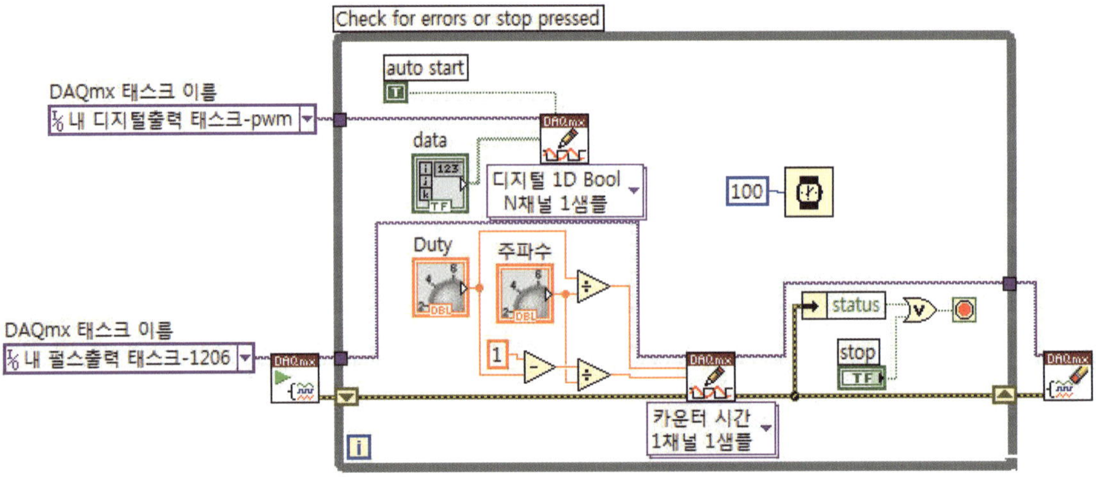

그림 19.13 블록 다이어그램

위 블록 다이어그램에서 주의해야 할 것은 다음과 같다.

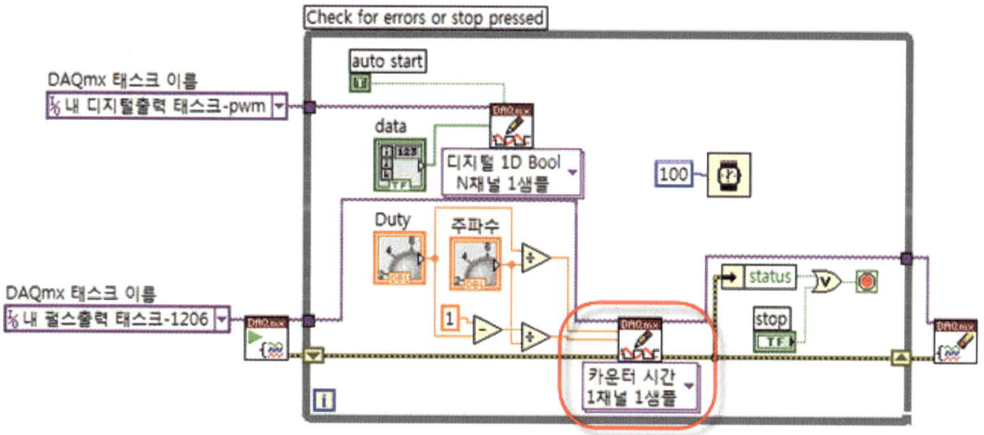

그림 19.14 채널 수정

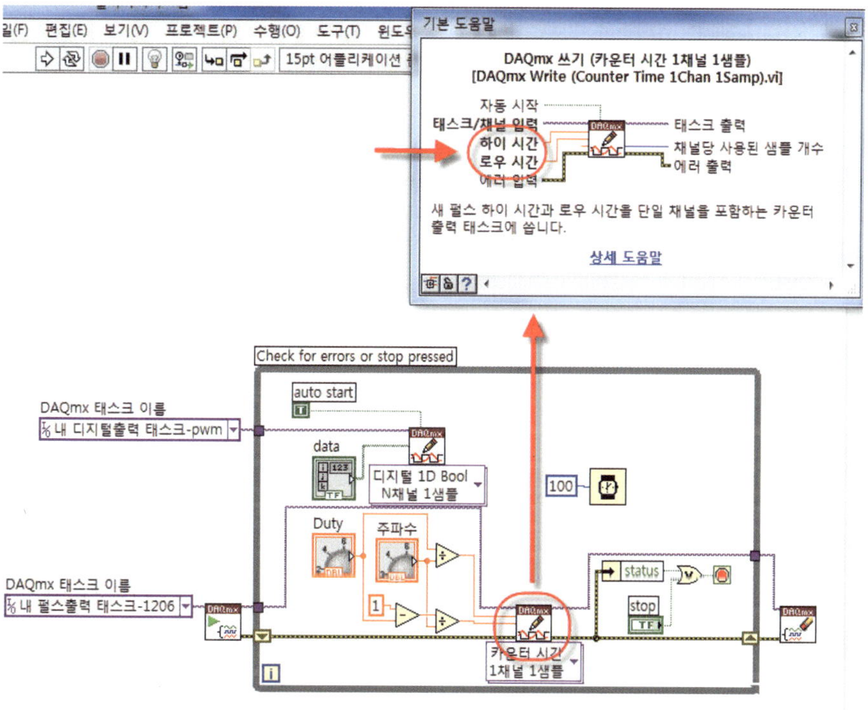

그림 19.15 DAQmx 쓰기

여기서 카운터 출력 기능을 하는 DAQmx 쓰기 아이컨에서 High 시간, Low 시간은 PWM 파형에서 주기점유율(Duty ratio)와 주파수를 설정하는 데 사용된다. 이상과 같이 하면 손쉽게 DC motor의 속도를 제어할 수 있다.

19.11 프로그램 작성

- LabVIEW 이용 기능

신호 simulation, duty ratio, 아나로그 출력

디지털 출력 2 line

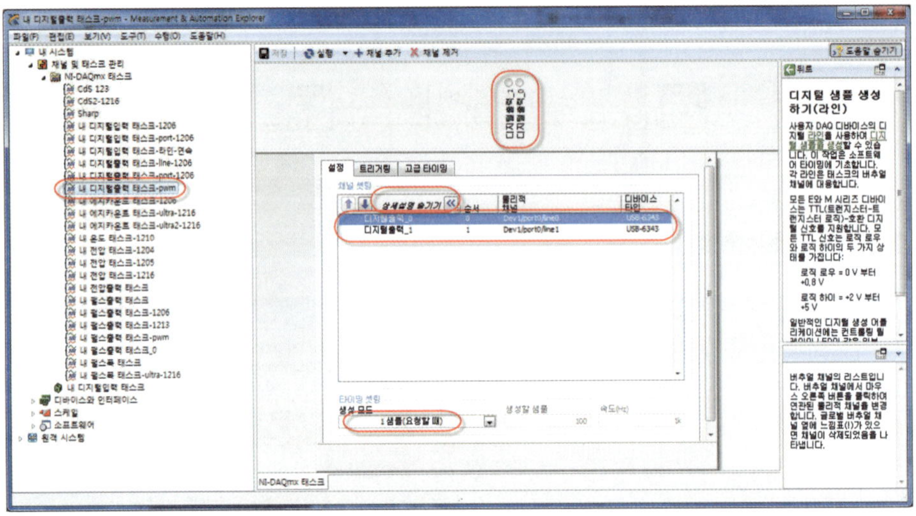

그림 19.16 채널 및 태스크 관리

카운터 출력

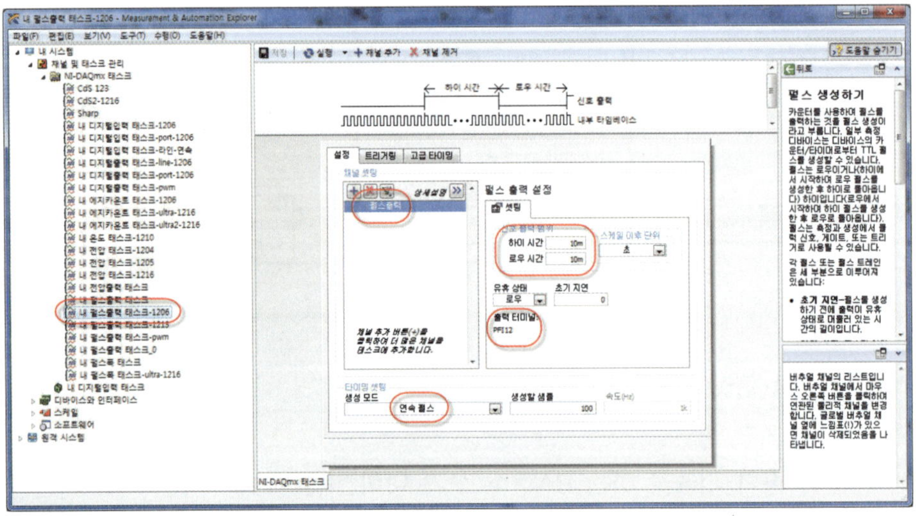

그림 19.17 채널 및 태스크 관리

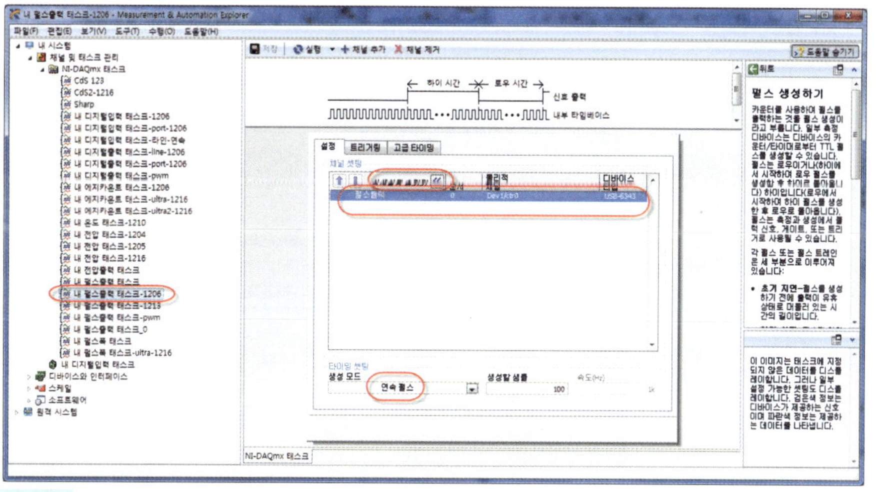

그림 19.18 채널 및 태스크 관리

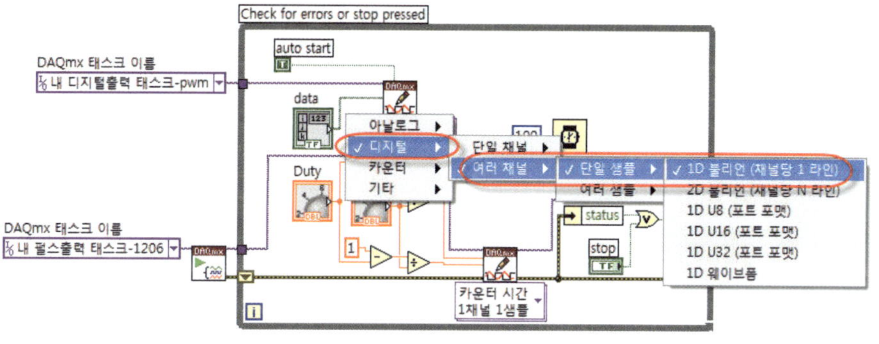

그림 19.19 디지털 출력 재설정

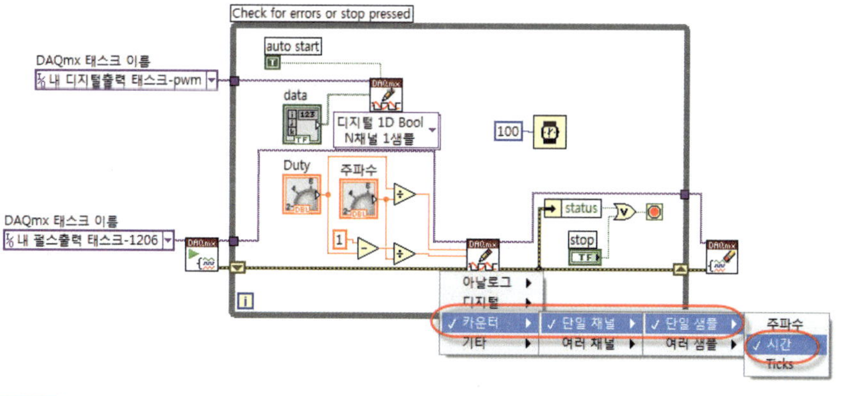

그림 19.20 펄스 출력 재설정

19.12 프로그램 완성

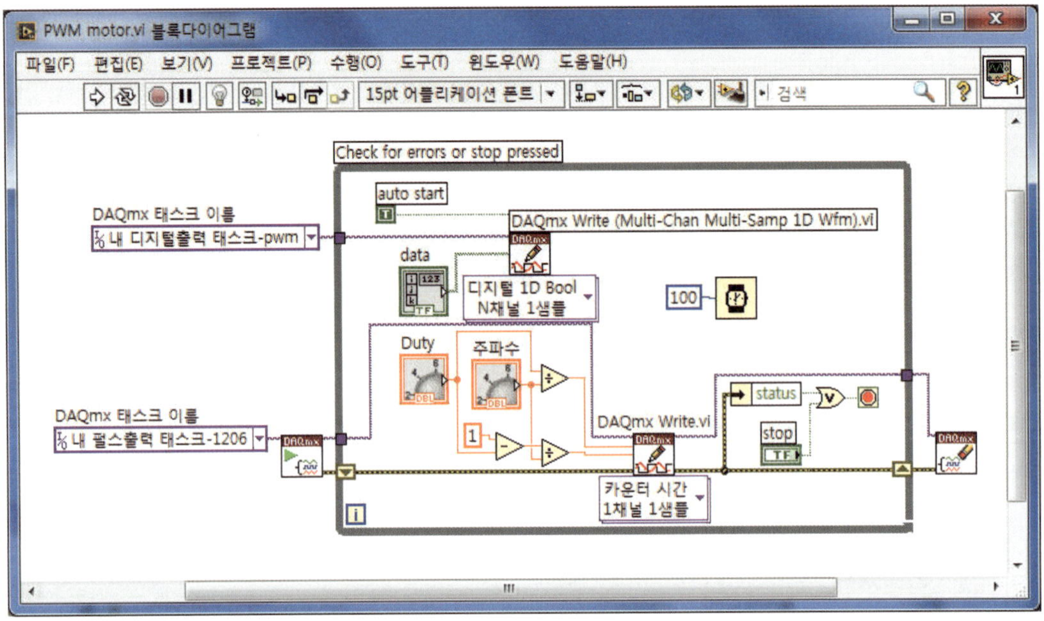

그림 19.21 완성된 블록 다이어그램

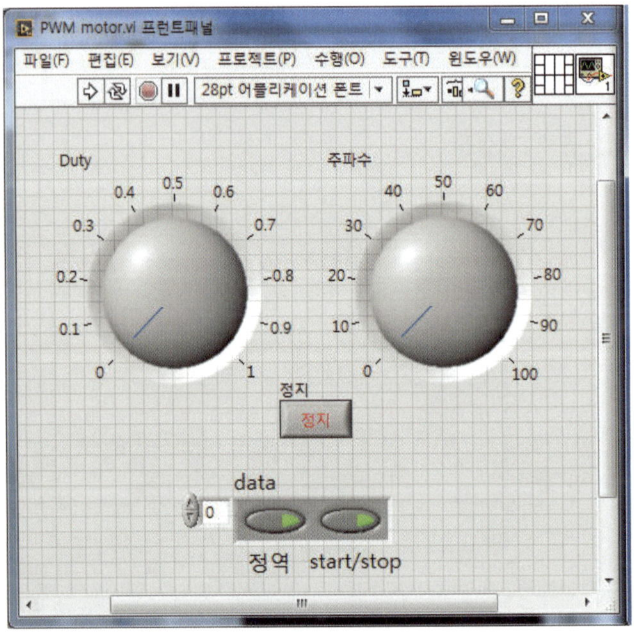

그림 19.22 프런트 패널

연습문제

A. PWM(Pulse Width Modulation)이 무엇인지 설명하여라.

B. 위의 프로그램을 응용하여 소형 DC motor를 사용하여 저속, 고속의 2단 선풍기를 구현하여라. 이때 LabVIEW의 Case 문을 사용한다.

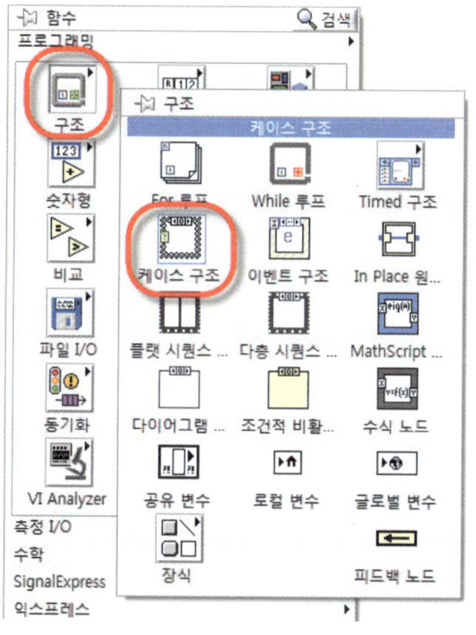

그림 19.23 구조 케이스 구조

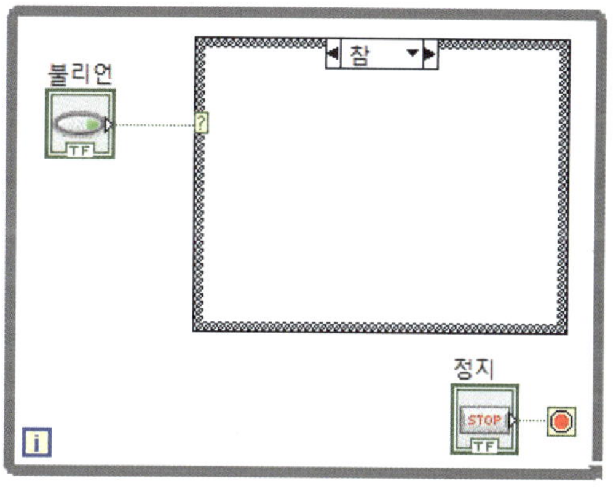

그림 19.24 케이스 문

LED 점등 20

20.1 사용 센서

LED

그림 20.1 LED 극성

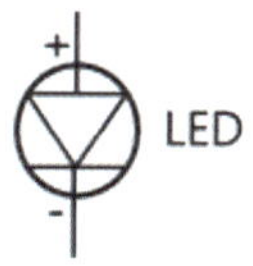

그림 20.2 LED 회로도

20.2 원리

LED는 순방향으로 전원을 인가하며 N형의 경우, 전자, P형의 경우 정공이 PN접합부로 이동하여 재결합하여 전자가 가진 에너지가 빛으로 변환되는 원리이다.

20.3 동작내용

LabVIEW Digital out에서 High신호가 나오면 LED에 5V가 인가되어 lamp가 켜진다.

20.4 목적

LED 구동 원리 및 방법과 Digital out의 동작 방법을 숙지하며 Lamp를 켜고 끄는 법을 학습한다.

20.5 실험 사항

LED on/off

20.6 소요 장비 및 센서 리스트

장비 리스트	수량	비고
LED	1	
NI USB-6343	1	

20.7 프로그램 시 구현할 기능

핵심 기능	고려할 사항
LED 구동	LED의 극성과 인가 전압을 확인한다.
digital output	digital high 와 low를 출력하는 방법을 숙지한다.

20.8 LED 점등 회로

LabVIEW에서 디지털 출력을 통해 LED를 켜고 끄려면 다음과 같은 회로가 필요하다.

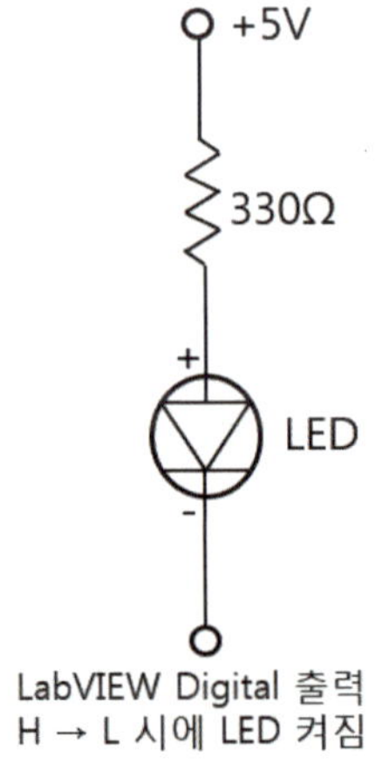

그림 20.3 LED 점등회로

위 그림에서 +5V는 외부전원의 +5V를 의미한다. LED –는 LabVIEW 디지털 출력+와 연결하고 디지털 출력 – 는 외부전원 ground와 연결한다. 이와 같이 하면 디지털 출력이 High에서 Low로 변할 때 LED가 켜진다.

20.9 결선

Digital Ouput	
sensor +	P0.0
sensor	DGND

20.10 프로그램

- LabVIEW 이용 기능

  digital output

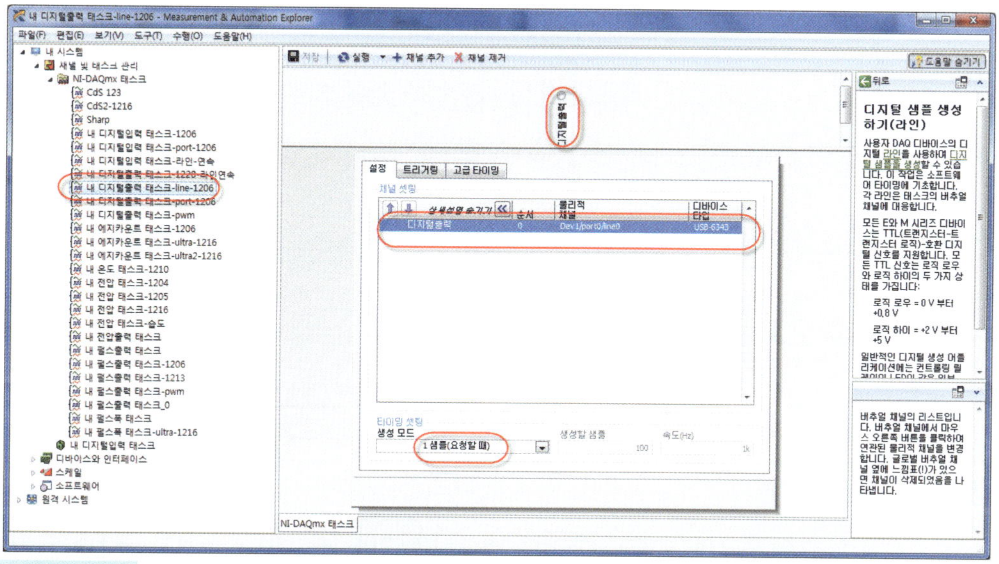

그림 20.4 디지털 출력 1샘플 요철할 때

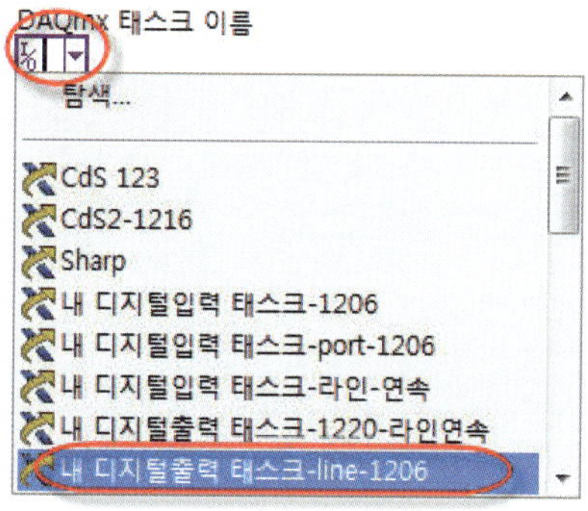

그림 20.5 태스크 선택

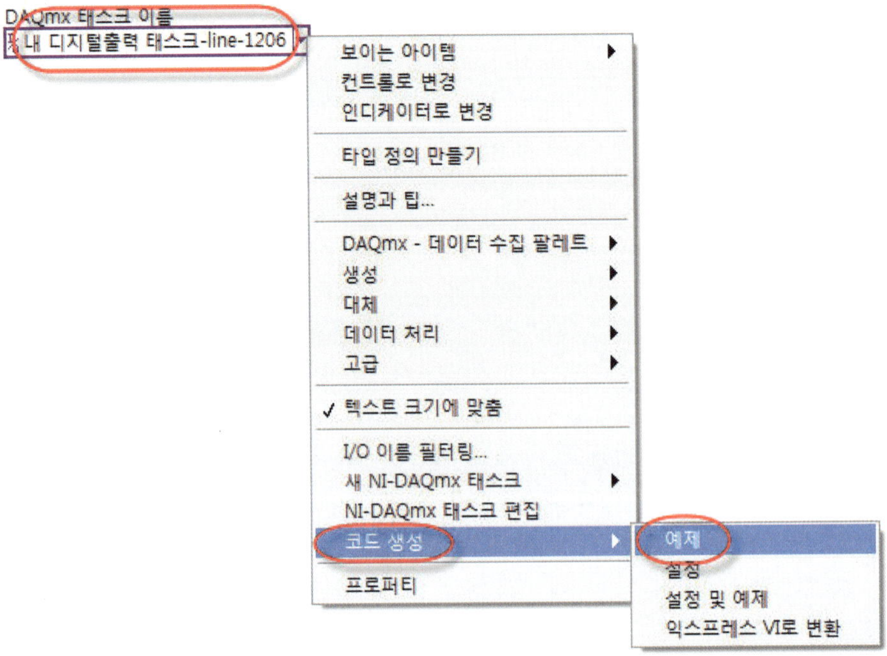

그림 20.6 코드 생성

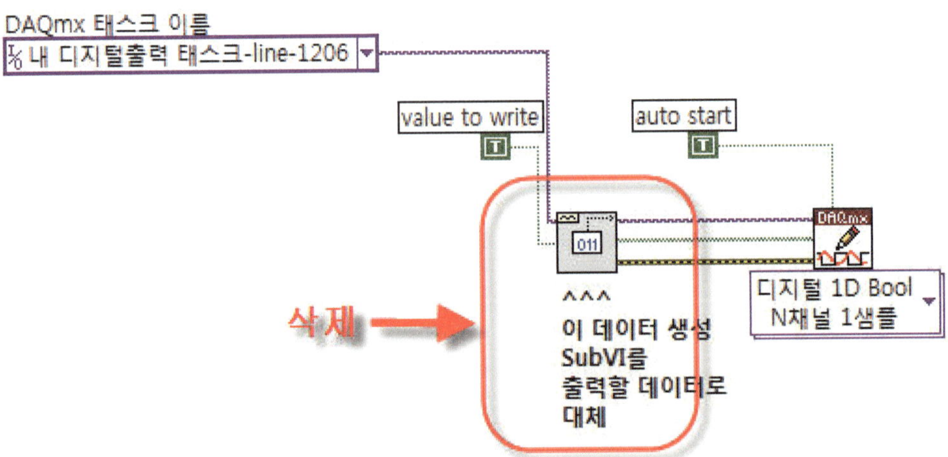

그림 20.7 코드 수정

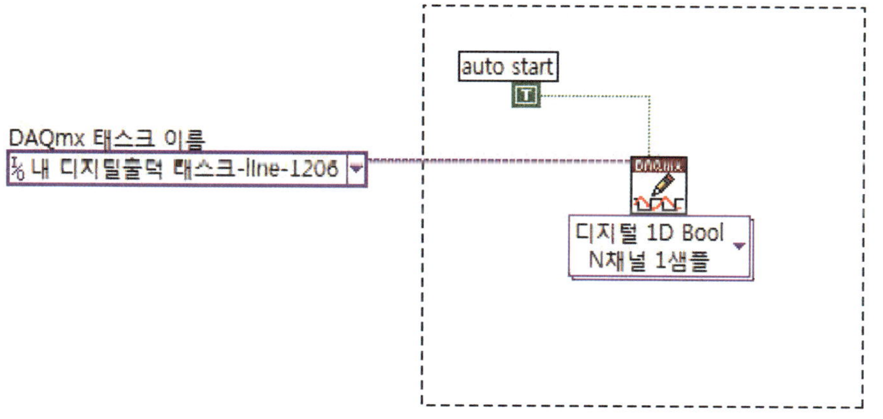

그림 20.8 코드 수정

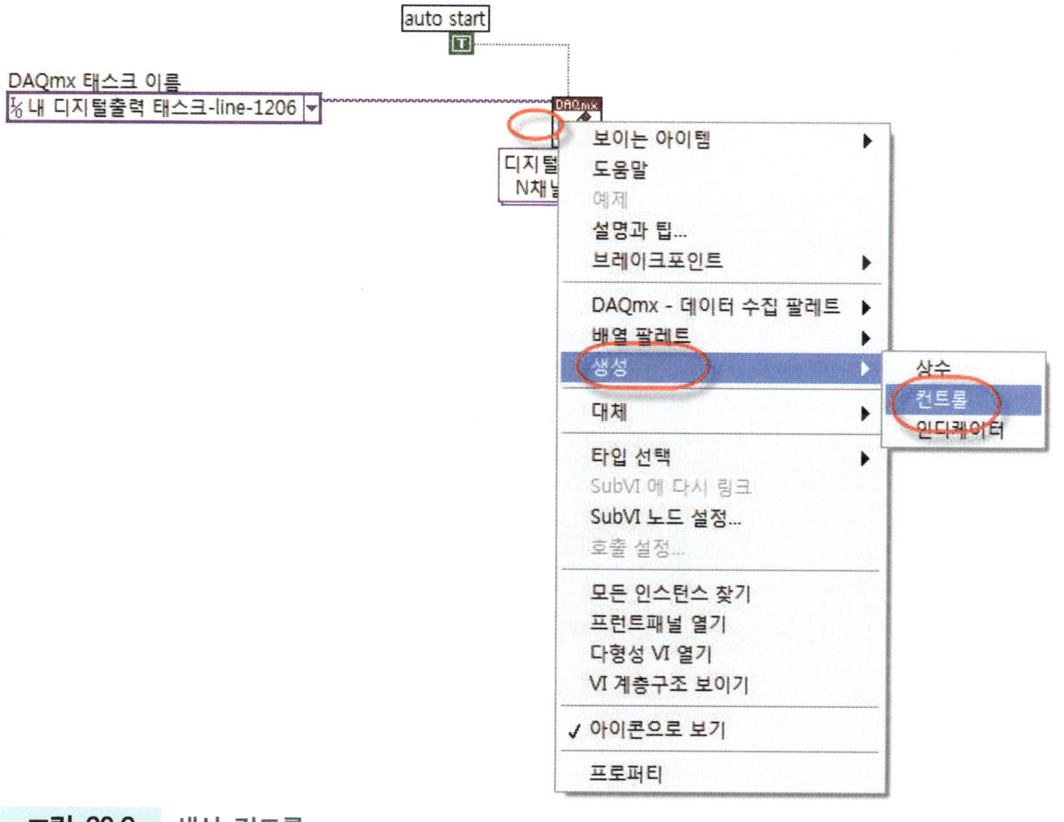

그림 20.9 생성 컨트롤

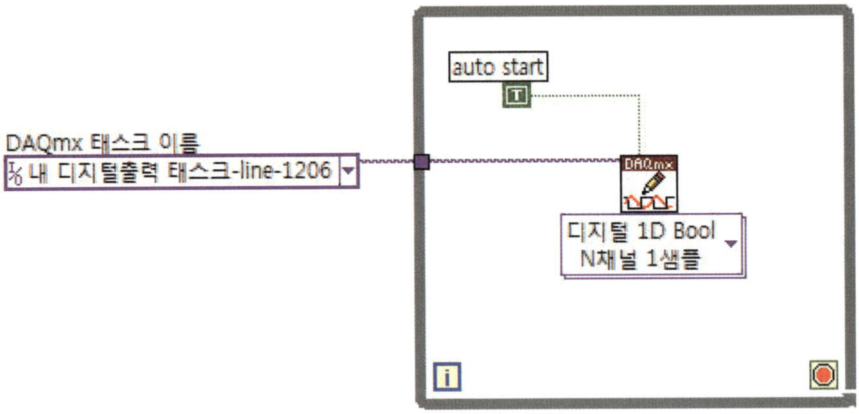

그림 20.10 While loop 생성

이상과 같이 프로그램하여 실행시키면서 블리언 스위치를 on하면 LED가 꺼지고 블리언 스위치를 off하면 LED가 켜진다.

20.11 프로그램 완성

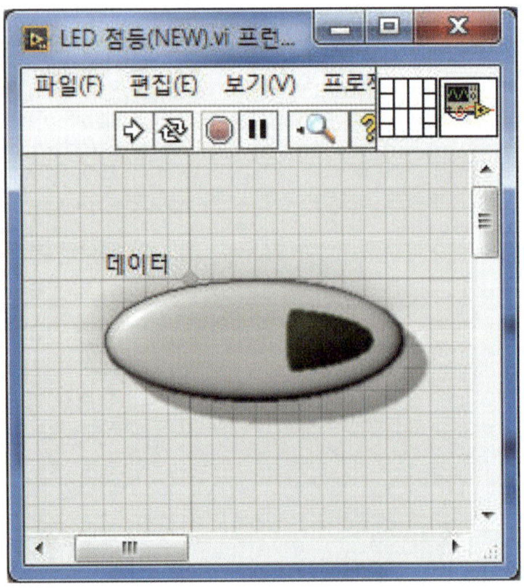

그림 20.11 완성된 프런트 패널

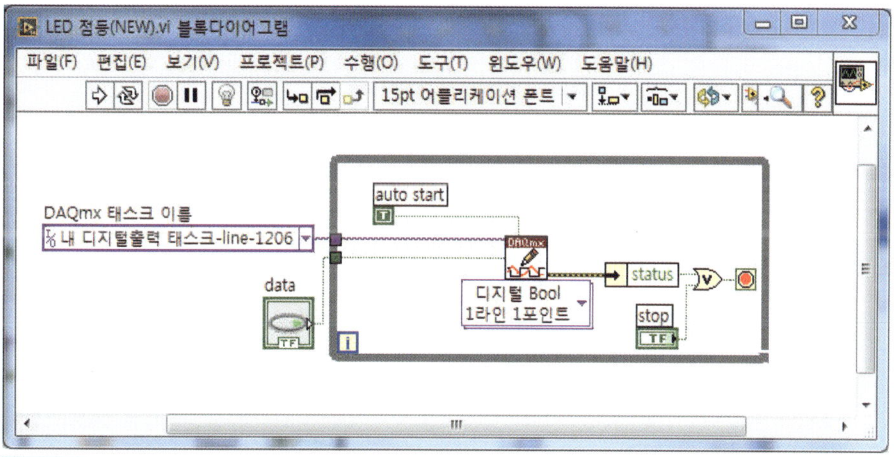

그림 20.12 완성된 블록 다이어그램

연습문제

A. 위의 예제를 사용하여 LED Lamp 4개를 순차적으로 1초씩 돌아가며 켜지게 하라. 시퀀스문을 사용하여 켜고 끄는 것을 반복한다.

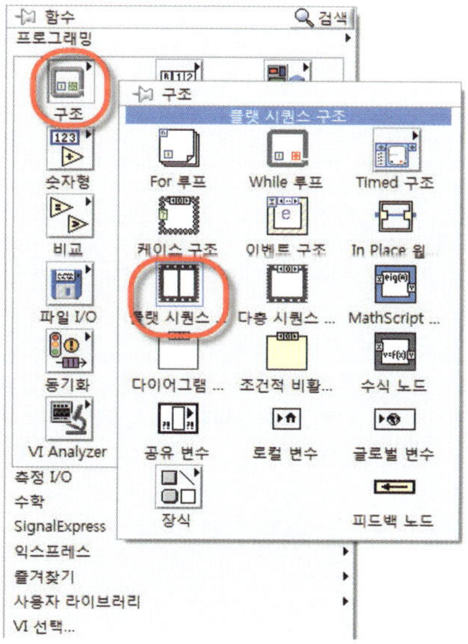

그림 20.13 플랫 시퀀스문

21 SSR(Solid State Relay)를 이용한 220V전원 on/off

21.1 사용 소자

SSR (Soild State Relay) : SDA1-225ZC/R Union Elecom, www.unionelecom.co.kr

그림 21.1 SSR

source: union Elecom

21.2 원리

SSR은 반도체 타입의 릴레이로 일명 무접점 릴레이라고도 불리운다. 약 4 ~ 32V가 입력되면 내부 반도체 스위치가 on 되는 기능이 있다.

반도체 스위칭 소자를 이용한 것으로 수명이 길고 전자파 노이즈에 강하며 접점이 없으므로 접촉 소음이 없다.

21.3 개요

SSR을 digital output high 신호로 on 시키는 방법을 학습한다.

21.4 소요 장비

SSR, NI USB-6343

21.5 동작내용

digital output 신호에 따라 SSR을 on/off 한다.

21.6 목적

LabVIEW에서 나오는 high, low 신호인 5V digital level의 digital output으로 가정용 및 산업용 220V의 전원을 on/off하여 전자기기를 필요에 따라 on,off 하는 방법을 습득하는 것이 목적이다.

21.7 실험 사항

digital high, low에 따라 switch on/off 되는 것을 확인.

21.8 소요 장비 및 센서 리스트

장비 리스트	수량	비고
SSR	1	SDA1-225ZC/R Union Elecom, www.unionelecom.cp.kr
NI USB-6343	1	

21.9 프로그램 시 구현할 기능

핵심 기능	고려할 사항
전압 측정	+5V가 인가될 경우 SSR이 on되는지 확인

21.10 결선

다음과 같이 결선한다.

Digital Ouput	
sensor +	P0.0
sensor -	DGND

그림 21.2 결선 방법

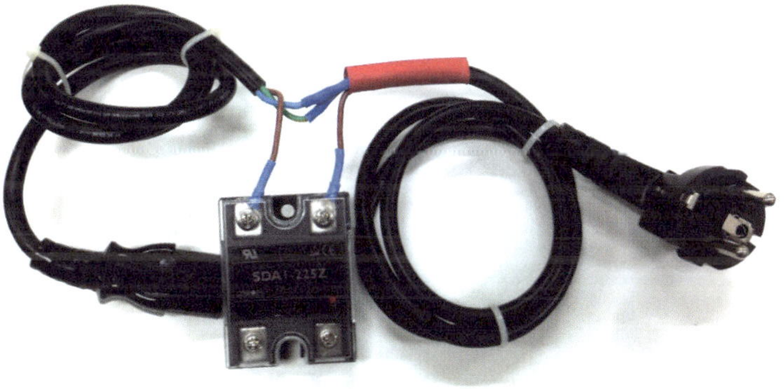

그림 21.3 연결 모습

21.11 프로그램 작성

- LabVIEW 이용 기능

  digital 출력 확인

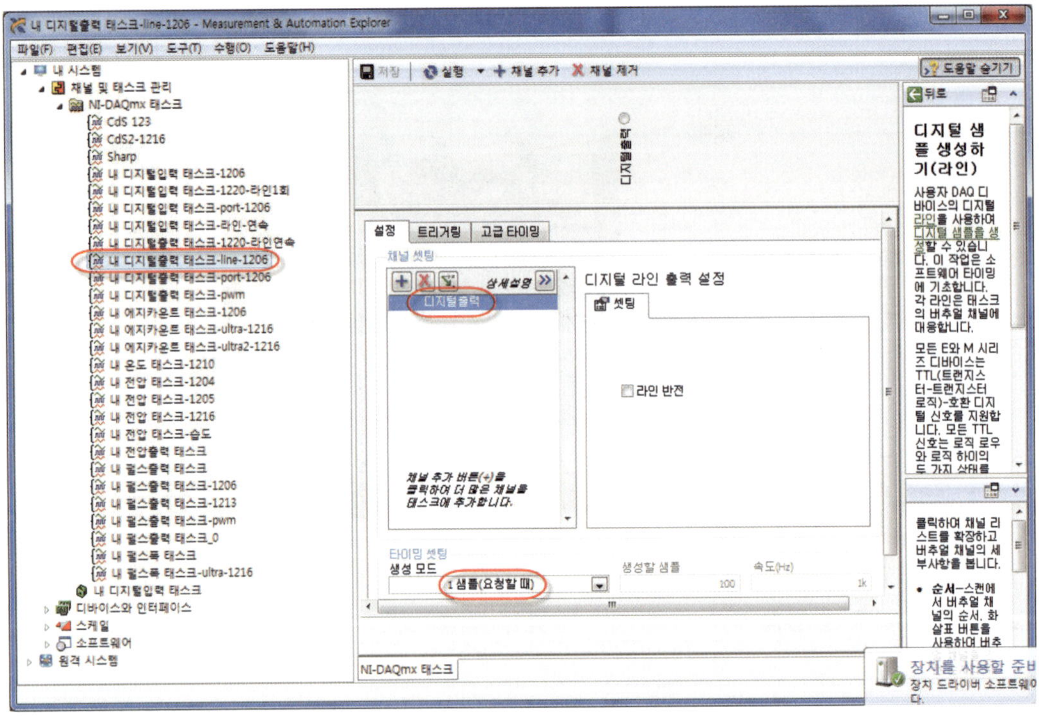

그림 21.4 태스크 선택

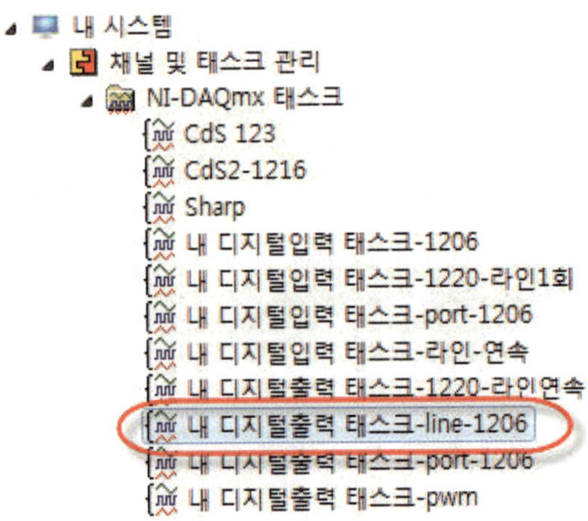

그림 21.5 태스크 이름

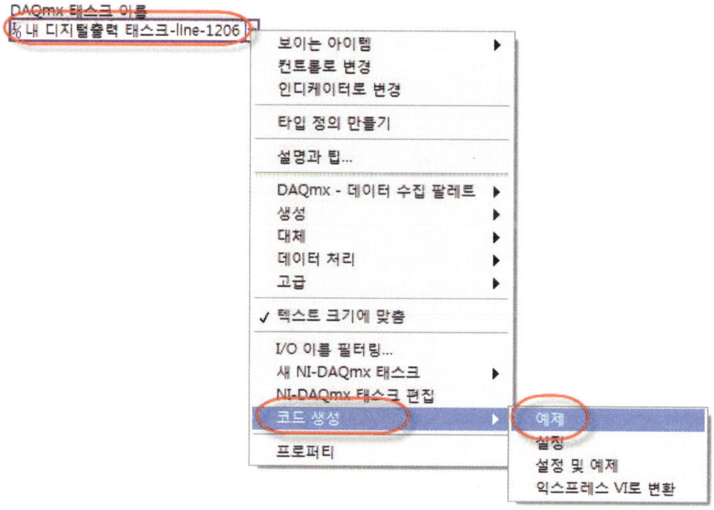

그림 21.6 코드 생성

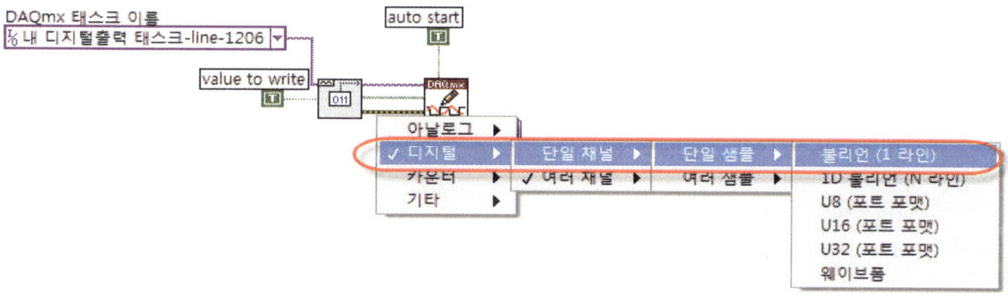

그림 21.7 채널 설정 변경

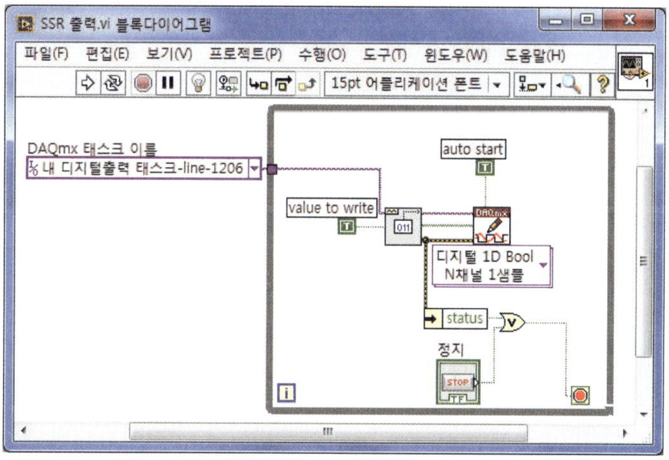

그림 21.8 While loop 추가

21.12 프로그램 완성

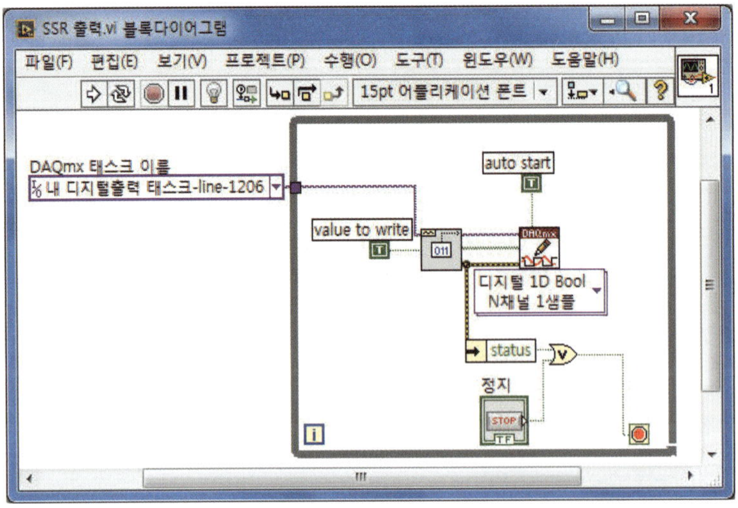

그림 21.9 완성된 블록 다이어그램

연습문제

A. 위의 프로그램을 이용하여 앞에서 학습한 온도센서를 활용하여 실내 온도가 설정온도 이상이 되면 220V용 환풍기를 on 되도록 하고 이하가 되면 환풍기를 off되게 한다.

종합 예제 아이디어 22

본 장에서는 앞에서 배운 여러 가지 센서 들을 직접 활용하여 시스템으로 만드는 것을 학습한다.

22.1 미니 에어하키 게임

- LabVIEW와 적외선 근접 센서를 이용하여 골인하면 점수를 획득하도록 하는 프로그램이다.

품명	규격 또는 모델명	수량	제조사	비고
DAQ Board	PCI-6221	1	NI	
PC	Dual core	1	Dell	
적외선 근접 센서	NE18-d80nk	6	한진데이타	
DC Motor	FM1502	1	(주)디엔지위드	송풍용
에어테이블		1		

22.2 홀센서를 사용한 자력선 강도 측정기

- LabVIEW를 이용하여 N극, S극의 자력선 강도를 검출하는 측정기를 개발

품명	규격 또는 모델명	수량	제조사	비고
홀센서	WSH130 TP	1	디바이스마트	
브릿지 다이오드	GD IN4005	4	디바이스마트	
LED		2	디바이스마트	
저항	220Ohm	2	디바이스마트	
LM7845		1	디바이스마트	
전해 컨덴서	104	2	디바이스마트	
컨덴서	1.6V,100UF	2	디바이스마트	
케이스 제작	시거잭		디바이스마트	

22.3 외부인 감지 및 외출 정보 알리미

- LabVIEW를 이용하여 사람이나 물체가 접근하면 근접 센서 및 CdS 센서로 인지하고 서미스터로 상온인지 여부를 측정하여 모니터와 LED 점멸을 통하여 외출 정보를 표시

품명	규격 또는 모델명	수량	제조사	비고
DAQ Board	PCI-6221	1	NI	
PC	Dual core	1	Dell	
적외선근접 sensor	HD-SEN0019	1	HanJin Data	
CDS sensor	GL 5516	1	Any Vender	
서미스터	NTC-10KD-5J	1	SamKyung	
구조물	·	1	·	

22.4 물건 도난 분실 알리미

- LabVIEW를 이용하여 물건 분실 및 도난을 즉시 알림.

품명	규격 또는 모델명	수량	제조사	비고
DAQ Board	PCI-6221	1	NI	
PC	Dual core	1	Dell	
고주파 근접센서	PR18-8DN	1	오토닉스	
적외선 근접센서	PR12-2DN	1	오토닉스	
구조물		1		

22.5 온도조절 텀블러

- LabVIEW를 이용하여 사용자가 원하는 온도로 냉, 온 온도조절이 가능한 텀블러를 개발

품명	규격 또는 모델명	수량	제조사	비고
DAQ Board	USB-6009	1	NI	
PC	Quad core	1	SAMSUNG	
Thermistor	NTC-103F397	1	Any Vendor	
Thermoelectric module	TEC1-12709	1	Wellen	
Power Supply	UP30DAC	1	UNION ELECOM	
Tumbler		1		

22.6 숙면 도우미

- LabVIEW를 이용하여 자동으로 조명을 조절해 주고, 수면에 도움이 되는 노이즈를 발생시킨다.

품명	규격 또는 모델명	수량	제조사	비고
DAQ Board	PCI-6221	1	NI	
PC	Dual core	1	Dell	
적외선센서	E18-D80NK	1		대여
PSD센서	2Y0A02-F-25	1	SHARP	대여
CdS 셀	GL5537	1		구입
구조물		1		

22.7 비닐하우스 피해 방지 시스템

- 비닐하우스가 폭설로 무너지는 것을 방지하기 위해 로드셀로 적설량을 측정하여 비닐하우스 위에 일정무게 이상의 눈이 쌓이면 자동으로 눈을 제거하고 또한, 야생동물의 접근시 적외선 센서와 LED를 이용하여 감시 및 경고하는 시스템

품명	규격 또는 모델명	수량	제조사	비고
Load cell	4선식 저가형 로드셀	1	한진데이타	
Servo Motor	Dynamixel	1	로보티즈	
적외선 근접 센서	NE18-d80nk	4	한진데이타	
LED		1		
구조물		1		

22.8 복합 세면대

- LabVIEW를 이용하여 물, 세정제, 건조기, 향수를 적외선 근접센서를 통해 출력해 주는 시스템.

품명	규격 또는 모델명	수량	제조사	비고
DAQ Board	PCI-6221	1	NI	
PC	Dual core	1	Dell	
적외선 근접센서	HD-5EN0019	4	한진데이타	
무접점 릴레이	XSSR-DA2410	2	XURUI	
DC 모터	M1N10FB09F	2	NMB	

22.9 흙먼지 떨이 발판

- LabVIEW를 이용하여 우천 시 행인이 출입문을 통과할 때 발판 위에 근접을 하게 되면 솔과 팬이 움직이며 신발 바닥의 물기와 흙먼지를 제거한다.

품명	규격 또는 모델명	수량	제조사	비고
DAQ Board	PCI-6221	1	NI	
PC	Dual core	1	Dell	
적외선 근접 센서	E18-DN80K	1	한진데이타	
DC 모터	CL-18	1	CHAP LEE	
구조물		1		
Bread Board	EIC-104	1	E.I.C	

22.10 Smart Fitting Room

- 더운 여름철 옷을 갈아입다 보면 땀으로 인해 옷이 오염될 수도 있고 옷을 갈아입는 곳의 밝기가 충분히 밝지 못해 확실히 옷의 상태를 확인하지 못할 수도 있다. 이럴 때 피팅룸 내부의 밝기 정도에 따른 LED 점등과 내부 온도에 따른 환풍효과로 쾌적한 상황에서 옷을 입어 볼 수 있도록 도와준다.

품명	규격 또는 모델명	수량	제조사	비고
DAQ Board	PCI-6221	1	NI	
PC	Dual core	1	Dell	
광센서(CdS)	CdS	1	-	
LED	Light Emitting Diode	4	-	
써미스터	NTC-103F397	1	ETC2	
적외선 근접센서	E18-D80NK	1	한진데이터	
트랜지스터	2SC1061 [Power TR]	1	MOSPEC	MOSFET

찾아보기

ㅅ

ㅇ

ㅈ

저자소개

강대진

1981년 한양대학교 공과대학 정밀기계공학과 학사
1983년 한양대학교 대학원 정밀기계공학과 석사
(주)현대자동차 연구원
1997년 한양대학교 대학원 정밀기계공학과 박사
1984~1997년 (주)LG전자 정보기기연구소 책임연구원
2003년 University of Texas at Austin Visiting Scholar
2014년 한국산업기술대학교 산학협력합부장
1998년~현재 한국산업기술대학교 메카트로닉스 공학과 교수

범용 DAQ를 활용하는 LabVIEW와 센서

A-JIN

지은이와 협의 인지 생략

인　　쇄 : 2014년 12월 20일
발　　행 : 2014년 12월 30일
저　　자 : 강대진
발 행 처 : 도서출판 아진
437-120
경기도 의왕시 이미로 40 (포일동 653번지)
인덕원IT밸리 A동 1019호
TEL:02-737-0663 FAX:02-737-0664
Homepage:ajin.to
E-mail:kgb@ajin.to
발 행 인 : 김 근 배
등록번호 : 제330-1995-56호
I S B N : 978-89-5761-370-2 93560

이 도서의 국립중앙도서관 출판예정도서목록 (CIP)은 서지정보유통지원시스템 홈페이지 (http://seoji.nl.go.kr)와 국가자료공동목록시스템 (http://www.nl.go.kr/kolisnet)에서 이용하실 수 있습니다. (CIP제어번호: CIP2015000958)

가격 25,000원